Viviendo por Fe

E. J. Waggoner

A. T. Jones

"Después me mostró un río limpio de agua de vida, resplandeciente como cristal, que salía del trono de Dios y del Cordero. Y el Espíritu y la Esposa dicen: Ven. Y el que oye, diga: Ven. Y el que tiene sed, venga; y el que quiera, tome del agua de la vida gratuitamente". Apocalipsis 22:1,17.

¿Aceptas?

Viviendo por Fe
Un libro complemento a *Lecciones sobre la Fe.*

Contacto
www.LivingByFaithBook.com
LivingByFaithBook@gmail.com

Publicado por
Nora Roth
2641 Seminary Hill Rd
Centralia, WA 98531

Editores
Nora Roth
Julie Roth

Traducido al Español
Pilar Iñiguez
Rodolfo Ramírez

Agradecimientos
a Larry Roth, mi esposo, por su ayuda creativa
y técnica,
a Julie Roth, mi hija, por la edición y sus sugerencias,
a Elora Ford, Bob Ford, y Mary Lou Steinweg, mi
madre, hermano y hermana, por las ideas y el apoyo.

Foto de portada por Nora Roth.

Publicado en 2018

Disponible desde www.LivingByFaithBook.com

ISBN-13: 978-1727391237

Escrituras de la versión Reina-Valera 1960 de la Biblia, a menos
que se indique lo contrario.

Prefacio

¿Por qué este libro es importante? Creo que muy pronto llegaremos al mayor tiempo de problemas que nuestro mundo haya experimentado. Tanto el poder de Dios como el poder del diablo se mostrarán. ¿Cómo podemos estar listos para esto? El Señor ha dado un mensaje para prepararnos para este tiempo y hará un llamamiento convincente a cada uno de nosotros.

En el libro de Apocalipsis leemos: *"Vi volar por en medio del cielo a otro ángel, que tenía el evangelio eterno para predicarlo a los moradores de la tierra, a toda nación, tribu, lengua y pueblo diciendo a gran voz: Temed a Dios, y dadle gloria, porque la hora de su juicio ha llegado; y adorad a aquel que hizo el cielo y la tierra, el mar y las fuentes de las aguas".* Apocalipsis 14:6,7.

¿Qué es este evangelio eterno? ¿Cómo nos preparamos para el juicio? ¿Cómo le damos gloria a Dios? ¿Cómo adoramos al Creador?

Las mejores respuestas que he encontrado provienen de un mensaje que el Señor dio a través de dos ministros, los Ancianos Waggoner y Jones. Sus escritos contienen la presentación más clara del evangelio que he leído.

"En su gran misericordia el Señor envió un preciosísimo mensaje a su pueblo por medio de los Pastores Waggoner y Jones. Este mensaje tenía que presentar en forma más destacada ante el mundo al sublime Salvador, el sacrificio por los pecados del mundo entero. Presentaba la justificación por la fe en el Garante; invitaba a la gente a recibir la justicia de Cristo, que se manifestaba en la obediencia a todos los mandamientos de Dios". Eventos de los Últimos Días de Elena G. de White, p. 159.

3

Pero este "preciosísimo mensaje" dado a través de los Ancianos Waggoner y Jones no está fácilmente disponible. Así que este libro reúne una selección de sus escritos que contienen el corazón y el alma de su mensaje, presentados de una manera que usted puede entender fácilmente. Debido a que estos artículos fueron escritos originalmente a fines del siglo XIX, el lenguaje y el estilo se han actualizado en partes para hacerlos más legibles y más personales. La presentación distintiva del evangelio permanece sin cambios.

El propósito de Dios al darle este mensaje es que Él pueda "poner fin a los pecados" en su vida; que a través de la fe de Jesús Él pueda "traer justicia eterna". Daniel 9:24. Luego Él dirá de Su pueblo: "Aquí están los que guardan los mandamientos de Dios y la fe de Jesús". Apocalipsis 14:12.

Nora Roth

Contenido

~1~

El Poder que Guarda

El poder que te salva es el poder capaz de guardarte. Cuando crees, eres guardado "por el poder de Dios, mediante la fe, para alcanzar la salvación". 1 Pedro 1:5. Si tu fe no reclama el poder de Dios en la presión diaria del pecado, no es una fe salvadora. Cada que caes en pecado, es porque en ese momento tu fe se ha soltado del Señor, y no estas creyendo en Él. Porque "todo aquel que cree que Jesús es el Cristo, es nacido de Dios". Ser nacido de Dios por la fe no es algo que se hace una vez y para siempre, sino un proceso continuo. Mientras sigas creyendo continua. Y a través de la fe eres guardado por el poder de Dios. "Sabemos que todo aquel que ha nacido de Dios, no practica pecado, pues Aquel que fue engendrado por Dios le guarda, y el maligno no le toca". 1 Juan 5:18.

Es una bendita verdad que a través de la fe estarás resguardado en los brazos del Señor, el enemigo no puede tocarte. Hay refugio, un asilo de la tormenta. Oh, que aprendas a vivir en el refugio; porque conoces por amarga experiencia que no tienes el poder de mantenerte, ni siquiera por un momento.

Incluso en este mundo de pecado y maldad, a través de la fe puedes mantenerte alejado de la iniquidad que te rodea, incluso en tu propia carne que está lista para brotar de ti. Cuando los tres hebreos cautivos fueron arrojados al horno de fuego, el fuego no tenía poder sobre sus cuerpos, "ni aun el cabello de sus cabezas se había quemado; sus ropas estaban intactas, y ni siquiera el olor a fuego tenían". Había con ellos Uno en el horno que había dicho, "Yo estaré contigo", y "cuando pases por el fuego, no serás quemado".

Es Él el que se compromete a mantenerte en medio del fuego consumidor del pecado. No puedes soportarlo solo; siempre caes, y los dardos ardientes te golpean en el alma. La oración de David puede ser tuya continuamente, "Crea en mí un corazón limpio, oh Dios; y renueva un espíritu recto dentro de mí". Gracias a Dios, cuando tu fe no se ha mantenido presta, y el enemigo te ha encontrado y tentado, todavía queda una promesa que sigue al mandato: "no peques más". "si alguno hubiere pecado, abogado tenemos para con el Padre, a Jesucristo el justo". Él te libera del enemigo y te hace libre nuevamente. Él te libra para que puedas sostenerle tenazmente a Él con una fe más firme. En la amargura del pecado se te demuestra tu propia debilidad y falta de valor, y en la dulzura de Su perdón se te enseña Su poder para salvar.

~2~

Luz y Vida

Una de las características de la luz es que puede multiplicarse indefinidamente sin disminuir en lo más mínimo. Una vela encendida puede iluminar un millón de velas y, sin embargo, su propia luz es igual de brillante. El sol suministra luz y calor a esta tierra, y hay suficiente para todos. Cada individuo obtiene tanto beneficio del sol ahora como era posible para cualquier persona cuando la población de la tierra era solo la mitad de lo que es ahora. El sol le da toda su fuerza a cada persona, y sin embargo tiene tanto calor y luz como si no supliera a nadie. Jesucristo es el Sol de justicia y la Luz del mundo. La luz que da es su vida. "En él estaba la vida, y la vida era la luz de los hombres". Juan 1:4. Dijo: "Yo soy la luz del mundo; el que me sigue, no anduviera en tinieblas, sino que tendrá la luz de vida". Juan 8:12. Él entrega Su vida por el mundo. Todos los que creen en Él reciben su vida y son salvos por ella. Así como la luz de la vela no disminuye, aunque muchos otros están iluminados por ella, la vida de Cristo no disminuye, aun cuando se la da a muchos. Cada uno de nosotros puede tenerlo en toda su plenitud.

La luz brillo en la oscuridad, y la oscuridad no pudo vencerla. Su luz no podría ser apagada. Satanás no pudo tomar su luz, porque no pudo tentarlo a pecar. Incluso cuando dio su vida, todavía le quedaba la vida. Su vida triunfó sobre la muerte. Es una vida infinita, por lo que Él puede salvar hasta lo sumo a los que vienen a Dios por medio de Él. Cristo morará en su integridad en cada uno que lo permita. Este es el misterio del Evangelio.

~3~

Fe Verdadera

Un día un centurión vino a Jesús y le dijo: "Mi criado está postrado en casa, paralítico, gravemente atormentado. Y Jesús le dijo: Yo iré y le sanaré. Respondió el centurión y dijo: Señor, no soy digno de que entres bajo mi techo; solamente di la palabra, y mi criado sanará. Al oírlo Jesús, se maravilló, y dijo a los que le seguían: De cierto os digo, que ni aun en Israel he hallado tanta fe". Mateo 8:6-10.

Jesús dice que esto es fe. Cuando encuentras eso, has encontrado la fe. Cuando sabes qué es eso, sabrás lo que es la fe. No puede haber ninguna duda; porque Cristo es "el Autor... de la fe", y dice que lo que el centurión manifestó fue "fe", sí, incluso "gran fe".

¿Dónde está entonces la fe? El centurión quería que cierta cosa fuera hecha. Él quería que el Señor lo hiciera. Pero cuando el Señor dijo, "Yo iré y le sanaré", el centurión lo detuvo, diciendo: "Di solo la palabra", y se hará.

Ahora, ¿qué esperaba el centurión que hiciera el trabajo? "Solo la palabra". ¿De qué dependió él para la curación de su siervo? "Solamente de la palabra".

Y el Señor Jesús dice que esto es fe.

He aquí un romano, despreciado y rechazado como un pagano por Israel, y que se creía odiado por Dios. Había pasado su vida entre influencias paganas, sin las ventajas de la Biblia. Sin embargo, él había descubierto que cuando el Señor habla, en esa palabra misma hay poder para hacer lo que dice la palabra, y él dependía de esa palabra para hacer lo que expresaba.

Luego estaba el pueblo de Israel, que toda su vida había estado en conexión diaria con la palabra del Señor, que se enorgullecía de ser "el pueblo del Libro", y se jactaba de su conocimiento de la palabra de Dios; y sin embargo, no habían aprendido que en la palabra hay poder para lograr lo que dice la palabra.

Toda su vida esa palabra les había dicho claramente: "Porque como desciende de los cielos la lluvia y la nieve, y no vuelve allá, sino que riega la tierra, y la hace germinar y producir, y da semilla al que siembra, y pan al que come, así será mi palabra que sale de mi boca; no volverá a mí vacía, sino que hará lo que yo quiero, y será prosperada en aquello para que la envié". Isaías 55:10, 11.

La naturaleza misma sostenía constantemente ante ellos la lección de que la tierra en sí misma no podría producir nada; que fue la humedad de la lluvia y la nieve del cielo lo que la hizo regar, germinar y producir fruto.

Y el Señor dijo: "...así será mi palabra". Como la tierra en sí misma no puede hacer nada, tú tampoco puedes hacer nada. Y como la humedad de la lluvia y la nieve del cielo riegan y hacen a la tierra germinar, y producir fruto, así mi palabra los hará dar fruto de justicia para la gloria de Dios. "Mi Palabra,... ESTA hará lo que yo quiero".

Muchas veces Israel había leído esta escritura. Y año tras año habían leído la palabra de Dios y dicho: Haré lo que dice la palabra; llevare a cabo lo que a Él le agrada.

Y para estar seguros de que deberían hacer exactamente lo que dice la palabra, separaron la palabra en partes, y cada parte se dividió en muchas distinciones finas. Luego se dedicaron diligente, cuidadosa y particularmente a lograr cada especificación de la palabra por sí mismos.

Es cierto, en ninguna parte de todo esto encontraron paz, y mucho menos alegría. Con todo lo que hacían, nunca consiguieron hacer las cosas. Siempre se encontraban muy lejos de conseguir lo que decía la palabra, quedaron cortos; este era el grito desesperado de Israel: "si una sola persona pudiera guardar por un día toda la ley, y no ofender en un punto. Si una sola persona pudiese mantener ese punto de la ley que afectaba la debida observancia del sábado, entonces los problemas de Israel terminarían, y el Mesías finalmente vendría". Pero siguieron encadenados a la rueda del molino por sus propias obras infructuosas: todo obras, y ninguna de fe; todos para sí, y ninguno de Dios; todo de su propia hechura, lo que en realidad es hacer nada, y ninguna cosa por la palabra, que es la única acción real de la palabra de Dios.

Cuán refrescante fue para el espíritu de Jesús, en medio de este desierto inútil de Israel, conocer a un hombre que había encontrado la palabra de Dios en verdad; quién sabía que cuando se hablaba la palabra, la palabra misma lograría lo dicho; y quién dependía de "solo la palabra". Esto fue fe. Así abrió su vida al poder de Dios. Y el resultado fue que en su vida se logró lo que agradó a Dios.

"Mi palabra,... ESTA [no ustedes] logrará lo que yo quiero". "La palabra de Dios... también obra eficazmente en ustedes que creen". 1 Tesalonicenses 2:13. Depender de ella para obrar en ti lo que es agradable a su vista, eso es fe. Cultivar esta dependencia de la palabra es cultivar la fe.

~4~

La Palabra Creadora

El poder de la palabra de Dios se aprecia mejor cuando se considera la obra de la creación. "Por la palabra del Señor fueron hechos los cielos, y todo el ejército de ellos por el aliento de su boca. Él junta como montón las aguas del mar; Él pone en depósitos los abismos. Tema al Señor toda la tierra; Teman delante de él todos los habitantes del mundo. Porque Él dijo, y fue hecho; Él mandó, y existió". Salmos 33:6-9 (RVR1995). A partir de esto, es fácil ver que toda la materia y todo lo que está en la tierra, surgió de la palabra de Dios. No podemos comprender el poder de la Divinidad, pero podemos ver por lo que está declarado claramente, que la palabra del Señor no es aire vacío, sino que es una sustancia real. Es como si el mundo existiera en la palabra, antes de que tomara la forma en la que está ahora. Cuando se pronunció la palabra de Dios, entonces la tierra y los cielos llegaron a existir.

Cuando la palabra de Dios pronuncia algo, entonces se forma lo que se nombra. Todo lo que se describe por la palabra, existe en esa palabra. Por lo tanto, es imposible que Dios mienta, porque su palabra hace que aquello sea. Leemos en Romanos 4:17 que Dios "llama las cosas que no son, como si fuesen". Esto es algo que solo Dios puede hacer. Es verdad que a veces lo hacemos, pero nuestra palabra no hace que las cosas sean. Cuando hablas de una cosa que no es como si lo fuera, solo hay una palabra que se puede aplicar para describir tu acción: La mentira. Pero Dios no puede mentir; sin embargo, Él habla de esas cosas que no existen como si lo fueran. Dios habla de algo que no tiene existencia. Él lo llama por su nombre, como si fuera bien conocido. En el instante que su palabra se pronuncia, en ese momento la cosa viene a la existencia.

13

Considera el texto cuidadosamente. "Él dijo, y fue hecho". No es que haya hablado, y después de eso se realizó, ya que una lectura superficial del texto podría llevarte a pensar así. Esa idea no se obtendría si los traductores no hubieran insertado la palabra "hecho" en cursiva[1]. Es verdad que fue hecho entonces, pero fue la palabra del Señor quien lo hizo. La idea se transmitiría mejor traduciendo el pasaje literalmente, como lo hemos hecho, "Él habló, y así fue". Tan pronto como habló, todo estaba allí. Lo que sea que la palabra de Dios dice, es, porque Su palabra crea la cosa.

Es por ello que en la profecía a menudo se habla de cosas como si ya se hubieran hecho. Él habla de aquellas cosas que aún no suceden como si ya estuvieran hechas. Esto no es porque existan en Su propósito, sino porque existen en Su palabra. Están libremente en existencia como podrían ser, aunque todavía no se le aparezcan a la vista humana.

Es por esta razón que la palabra del Señor es fortaleza y consuelo para aquellos que creen en ella; porque la palabra que está escrita en la Biblia es la palabra de Dios, la misma que creó los cielos y la tierra. "Toda escritura se da por inspiración de Dios". Es "aliento de Dios". Recuerden que "por la palabra del Señor se hicieron los cielos; y todo el ejército de ellos por el aliento de su boca". El aliento de Dios, que tiene energía creadora en él, es lo que nos da los preceptos y las promesas de la Biblia.

Esa palabra creativa es el poder del Evangelio. Porque el Evangelio es el poder de Dios para la salvación, para todos los que creen; y el poder de Dios se revela en las cosas que se hacen. Véase Romanos 1:16, 20. El poder de la redención es el poder de la creación, porque la redención es creación. Por lo tanto, el salmista oraba: "Crea en mí un corazón limpio, oh Dios". Salmos 51:10. El apóstol Pablo dice que "si alguno está en Cristo, nueva criatura es". 2 Corintios 5:17.

¿Qué es esta nueva creación que se produce por el Evangelio? Es justicia, porque el mismo apóstol nos exhortó a "revestirnos del hombre nuevo, que según Dios, fue creado en justicia y en

---

[1] *Nota del Traductor* este comentario toma en consideración el texto bíblico como aparece en la versión King James de habla inglesa que efectivamente contiene la palabra referida en cursivas.

verdadera santidad". Efesios 4:24. La justicia significa buenas obras, y por lo tanto el apóstol dice que "somos hechura suya, creados en Cristo Jesús para buenas obras, las cuales Dios preparó de antemano para que anduviésemos en ellas". Efesios 2:10.

La palabra del Señor es certera. Él habla justicia. De la misma manera que Él habló al vacío y creó la tierra, así también le habla al alma que está desprovista de justicia, y si esa palabra es recibida, la justicia de esa palabra está sobre esa persona. "Por cuanto todos pecaron, y están destituidos de la gloria de Dios; siendo justificados gratuitamente por su gracia, por la redención que es en Cristo Jesús; al cual Dios ha propuesto en propiciación por la fe en su sangre, para manifestación de su justicia, atento a haber pasado por alto, en su paciencia, los pecados pasados". Romanos 3:23-25. Declarar es hablar; así que cuando Dios declara su justicia en Cristo para la remisión de los pecados, se ha hablado de justicia en ti y sobre ti, para tomar el lugar de tus pecados, que son retirados. Y no es simplemente una rectitud pasiva que se declara sobre ti, sino una justicia real y activa, porque la palabra del Señor está viva, y la justicia de Dios es real y activa.

En resumen, esto es lo que la historia de la creación significa para ti cuando la crees. Satanás está ansioso por hacerte pensar que es solo un poema (como si un poema no pudiera ser verdad), o solo una escritura de ficción para entretenerte. Este es el medio que ha utilizado en estos días para socavar el Evangelio. Si una vez miras ligeramente a la creación, la fuerza del Evangelio se debilita para ti. Satanás incluso está contento de que llames a la redención una obra mayor que la de la creación, porque al hacerlo no exaltas en lo más mínimo la obra de la redención, sino que la desprecias. La redención y la creación son el mismo trabajo, y la redención se exalta solo porque la creación es muy apreciada. Puede parecerte que, y este es el caso, lo que conmemora la creación también debe conmemorar la redención. Esto es cierto, pero hablaremos de ello en otro momento.

~5~

Debilidad y Poder

¿Qué es más frágil, débil e indefenso que una pequeña brizna de hierba? ¿Pero alguna vez notaste el maravilloso poder que exhibe? Mira lo que está levantando ese terrón de tierra. Es una masa dura, pesada e impenetrable de arcilla seca. ¿Qué lo mueve tan decidida y lentamente fuera de su sitio? No un animal, ni siquiera un insecto, ¡sólo una pequeña brizna de hierba joven! El terrón es muchas veces más pesado que la hierba, y sin embargo, la hierba parece levantarlo con la mayor facilidad. No podrías hacer que una pequeña raíz de hierba muestre tal poder. Podrías colocar el terrón sobre ella con mucho cuidado, pero la hierba sería aplastada contra la tierra por el peso mayor del terrón. Algún poder que no está en el pasto mismo debe estar logrando esta gran maravilla. La Biblia dice que es el poder y la vida de la palabra de Dios lo que hace crecer la hierba; porque "dijo Dios: Produzca la tierra hierba, y fue así".

Observa esa pequeña bellota. ¡Qué impotente, qué inútil! Observa una vez más. Una vida invisible, un poder maravilloso, rompe la cáscara dura y empuja raicillas hacia abajo y pequeñas ramas hacia arriba. Crecen y crecen, deshaciendo obstáculos, escalando trabas y rompiendo rocas sólidas. ¿Qué es la vida no vista? ¿Cuál es el maravilloso poder? La vida y el poder de la palabra de Dios; porque "dijo Dios: Produzca la tierra hierba, la hierba que da semilla, y el fruto que da fruto según su género, cuya simiente está en sí misma sobre la tierra; y fue así". Génesis 1:11.

Aunque son dos de las cosas más débiles y desamparadas que existen, qué milagros de fuerza exhiben la hierba y la bellota cuando su debilidad se une al poder de la palabra de Dios. Tú eres de la misma manera. ¿Débil? Sí, tan débil e indefenso como la hierba. Tus "días son como pasto" y "toda la gloria del hombre como la flor de la hierba". Tu vida "incluso un vapor, que se manifiesta durante un tiempo, y luego se desvanece". Indefenso, totalmente indefenso en ti mismo, incapaz de cuidarte un momento, incapaz de resistir la tentación más pequeña, incapaz de realizar un acto bueno.

Pero observa nuevamente. Un poder invisible ha tomado posesión de ti, una nueva vida te ha animado, y he aquí, has "¡sometido reinos, obrado rectitud, obtenido promesas, tapado la boca de leones, apagado fuegos impetuosos, evitado el filo de la espada, sacado fuerzas de la debilidad, hecho fuerte en batalla, poniendo en fuga a los ejércitos extranjeros!" Hebreos 11:33, 34. Mientras que una vez fuiste débil, ahora eres fuerte; donde una vez habrías temblado y caído, ahora te mantienes inmóvil como una casa construida sobre una roca sólida.

¿Cuál es este poder invisible? ¿Cuál es tu nueva vida? Es el poder y la vida de la palabra de Dios unidos con tu debilidad. Es el poder y la vida de Dios mismo, porque Dios con Su palabra va "obrando en ti lo que es agradable a Su vista". "Porque es Dios el que hace en vosotros el querer y el hacer por su buena voluntad".

Solo, sin la Palabra en ti, eres como una casa construida sobre la arena. No hay nada para sostenerte cuando las inundaciones llegan y los vientos soplan. Es completamente imposible para ti resistir la tempestad, porque no tienes fuerza en ti mismo.

Pero incluso si eres es la persona más indefensa que haya vivido alguna vez, Dios está dispuesto a aceptarte, si a Él te sometes, obrará a través de ti de la manera más maravillosa por su palabra poderosa. A Él le encanta hacerlo. Él "escogió las cosas débiles del mundo para confundir las cosas poderosas; y lo vil del mundo y lo menospreciado escogió Dios, y lo que no es, para deshacer lo que es, para que ninguna carne se jacte en su presencia". 1 Corintios 1:27-29.

Él dice: "Cualquiera que oye estas palabras mías, y las hace, le compararé a un hombre sabio, que edificó su casa sobre la roca". Entonces, al recibir la palabra de Dios en tu corazón y permitir que la palabra obre, tú estás construyendo sobre roca inamovible. Y Jesús mismo está en la palabra, Él es Palabra, por lo que al recibir humildemente la Palabra (véase Juan 1 y 6) traes a Jesús al corazón para obrar. Entonces tu trabajo es recibir y someterte, y Jesús, la Palabra viviente, suministra todo el poder y hace todo el trabajo a través de ti, si lo permites.

No es suficiente unirte a alguien más que está unido a Cristo. Debes venir por ti mismo a Cristo la Palabra; como a una piedra viva, y edificar sobre Él. Entonces te conviertes en una piedra viva, porque participas de la vida del Fundamento viviente. Tu creces sobre el Fundamento hasta que formes parte del Fundamento y el Fundamento sea parte de ti. ¿Es de extrañar, entonces, que tengas fuerza y que puedas permanecer inmóvil ante todas las tormentas y tempestades de la vida?

Después, cuando veas la hierba y te des cuenta de tu fragilidad y tu impotencia, no te desanimes, sino que levanta los ojos en agradecimiento al cielo y alaba al Todo poderoso que puede tomarte, el más débil y el más indefenso de Sus criaturas. y por su Su palabra, fortalécete "con todas tus fuerzas según su poder glorioso".

~6~

Venciendo en Cristo

Jesús dijo a sus discípulos, "En este mundo afrontarán aflicciones, pero ¡anímense! Yo he vencido al mundo". Juan 16:33. ¿Por qué este hecho debería hacer que tengas buen ánimo? ¿Por qué debes regocijarte porque alguien más ha vencido al mundo cuando tú también debes vencerlo? La gran verdad que responde a esta pregunta es que no eres un vencedor en ti mismo, sino un vencedor en Cristo.

A los corintios, el apóstol escribe: "Pero gracias a Dios, que nos lleva siempre en triunfo en Cristo Jesús, y que por medio de nosotros manifiesta en todo lugar el olor de su conocimiento". 2 Corintios 2:14. ¿Cómo es que siempre triunfas en Cristo? Es simplemente porque Cristo ha triunfado sobre todo, y en Él la victoria es tuya.

Cristo fue tentado como nosotros en todo, sin embargo, no tuvo pecado. Él se ha enfrentado y superado todos los obstáculos que se pueden presentar contra su humanidad en la lucha contra la tentación. Y cada vez que "el mundo, la carne y el diablo" lo enfrentan, se encuentran con su Conquistador. La victoria ya ha sido ganada. Y por lo tanto en Cristo tienes la victoria; porque cuando estás en Él, las tentaciones también le asaltan, y no solo a ti. Cuando ocultas tu debilidad en su fuerza, entonces su fuerza luchará en la batalla. Él ha obtenido la victoria, y el enemigo derrotado nunca podrá recuperarse de su derrota para lograr la victoria sobre Él.

¿Qué debes hacer para vencer? ¿Y por qué eres tan frecuentemente vencido? La respuesta obvia es que no puedes vencer fuera de Cristo. Lo que tienes que hacer es tomar la victoria que ya se obtuvo, la victoria que Él ganó. Él venció por

19

ti para concederte Su triunfo. Y tomas Su victoria por fe, porque es por fe que Cristo viene a tu corazón.

Esto es lo que quiere decir el apóstol Juan, cuando declara: "Esta es la victoria que ha vencido al mundo, nuestra fe". 1 Juan 5:4. Por la fe, traes a Cristo a tu corazón y a tu vida. Efesios 3:17. Él está allí como el Conquistador de todo lo que se debe enfrentar y superar en la guerra cristiana.

La gloriosa verdad se revela en que la victoria sobre cada tentación y dificultad ya es tuya, en Cristo. Por lo tanto, no es necesario que entres en conflicto con un corazón débil, sino con toda confianza, sabiendo que la derrota no puede ser el resultado, sin importar cuán formidable sea el enemigo que se haga presente. La batalla ya se libró, y Jesucristo nos ofrece la victoria. Simplemente tienes que tomarla y decir: "Gracias a Dios, que nos da la victoria por medio de nuestro Señor Jesucristo". 1 Corintios 15:57.

~7~

La Palabra que Mora en Nosotros

"La palabra de Cristo habite en abundancia en vosotros". Colosenses 3:16. Entendido correctamente, este texto resuelve el problema de la vida cristiana. Dediquemos unos minutos para ver cuánto está involucrado en esto.

No se puede dudar de que hay poder en la palabra de Dios, muy por encima de cualquier otro libro. El Señor, por medio del profeta Jeremías, reprende a los falsos profetas, que dicen sus propias palabras en lugar de las palabras de Dios, y dice: "¿Qué tiene que ver la paja con el trigo? dice Jehová. ¿No es mi palabra como fuego, dice Jehová, y como martillo que quebranta la piedra?" Jeremías 23:28, 29.

La palabra escondida en tu corazón protege contra el pecado. "Tu palabra escondí en mi corazón, para no pecar contra ti". Salmos 119:11. Y de los justos leemos que la razón por la cual ninguno de sus pasos se desvanece, es que "la ley de su Dios está en su corazón". Salmos 37:31. David también dice: "Por la palabra de tus labios yo me he guardado de los caminos del destructor". Salmos 17:4.

La palabra del Señor es la semilla por la cual naces de nuevo. El apóstol Pedro dice: "Habiendo purificado vuestras almas por la obediencia a la verdad, mediante el Espíritu, para el amor fraternal no fingido, amaos unos a otros entrañablemente, de corazón puro; siendo renacidos, no de simiente corruptible, sino de incorruptible, por la palabra de Dios que vive y permanece para siempre". 1 Pedro 1:22, 23. Cuando llegas a ser de Cristo, naces de nuevo por el Espíritu, y la palabra de Dios es la semilla de la cual te has convertido en una nueva criatura en Cristo.

La palabra tiene poder para dar vida. Es en sí "presta", es decir, viva y poderosa; y el salmista ora para ser vivificado, hecho vivo, según la palabra, y luego dice: "Este es mi consuelo en mi aflicción; porque Tu palabra me ha vivificado". Salmos 119:25, 50.

Jesús lo dice claramente en Juan 6:63: "El Espíritu es el que da vida; la carne no aprovecha nada; las palabras que os hablo, son espíritu, y son vida". Esto muestra que el poder del Espíritu de Dios mora en la palabra de Dios.

Con el conocimiento de que la palabra de Dios es la semilla por la cual naciste para una nueva vida, y que ocultar la palabra en tu corazón te guarda del pecado, puedes fácilmente entender 1 Juan 3:9: "Todo aquel que es nacido de Dios no comete pecado; porque Su simiente permanece en Él; y Él no puede pecar, porque ha nacido de Dios". ¡Qué sencillo! Hay en la palabra esa energía divina que puede transformar tu mente y hacerte una nueva creación "que después de Dios es creada en justicia y verdadera santidad". Por supuesto, la palabra puede hacer esto solo si la recibes con fe simple. Pero la palabra no pierde nada de su poder. Si tu alma así nacida de nuevo retiene esa palabra sagrada y poderosa por la cual naciste, te mantendrá aún como una nueva criatura. Es tan poderosa para preservar como al crear.

Jesús, nuestro gran ejemplo, nos dio una ilustración de esto. Cuando el diablo lo tentó en cada punto, su única respuesta fue: "Está escrito", seguido de un texto de las Escrituras que confrontó exactamente la tentación. Si pretendes mantenerte firme, debes hacer lo mismo. No hay otra manera. Aquí hay una ilustración en las palabras de David: "Por la palabra de tus labios yo me he guardado de los caminos del destructor".

Hablando de derrotar al "acusador de nuestros hermanos", la voz celestial dice: "Y ellos le han vencido por medio de la sangre del Cordero, y por la palabra de su testimonio". Apocalipsis 12:11. La palabra de su testimonio es la palabra de Dios que deleitó el salmista. Vencieron a Satanás por la sangre del Cordero y por la palabra de Dios.

Esto solo puede hacerse cuando tienes la palabra de Dios morando en ti. El Espíritu es dado para llevar la verdad a tu memoria en el tiempo de prueba; pero si no lo has aprendido, no podrás recordarlo. Pero si has escondido la palabra en tu corazón, el Espíritu te lo recordará cuando seas tentado. Él traerá a tu memoria únicamente las palabras que frustrarán al tentador. Cada cristiano puede testificar sobre el poder de la palabra en esos momentos. Cuando inclinado a felicitarte por algún logro superior real o imaginado, qué poderosas son las palabras: "¿quién te diferencia de otro? ¿O qué tienes que no hayas recibido? Y si lo recibiste, ¿por qué te glorías como si no lo hubieras recibido?" 1 Corintios 4:7. O cuando los pensamientos ásperos y amargos están luchando dentro de ti por el control, qué poder para sofocar esas turbulentas emociones se encuentra en las palabras: "El amor es sufrido, es benigno; el amor no tiene envidia; el amor no es jactancioso, no se envanece, no hace nada indebido, no busca lo suyo, no se irrita, no guarda rencor;" 1 Corintios 13:4, 5. Cuando se es provocado, casi más allá del punto de resistencia, la suave amonestación, "Porque el siervo del Señor no debe ser contencioso, sino amable para con todos" te ayuda a estar tranquilo. Agrega a esto las muchas "grandes y excelsas promesas" que traen la victoria a tu alma cuando las tomas por fe. Miles de cristianos longevos pueden testificar sobre el poder milagroso que descansa en unas pocas palabras de las Escrituras.

¿De dónde viene el poder? La respuesta se encuentra en las palabras de Cristo: "Las palabras que os hablo son espíritu y vida". ¿Qué espíritu tienen? El Espíritu de Cristo. Entonces el poder del Espíritu mora en la palabra. En verdad, Cristo mismo mora en la palabra, porque Él es la Palabra.

¿Puedes entender el misterio de la inspiración? Solamente si logras entender el misterio de la encarnación; porque ambos son lo mismo. "La Palabra se hizo carne". No podemos entender cómo Cristo podría ser toda la plenitud de la Deidad, y al mismo tiempo estar en la forma de un siervo, sujeto a todas las enfermedades de la carne mortal. Tampoco podemos entender cómo la Biblia podría ser escrita por mortales falibles, exhibiendo las peculiaridades de cada uno, y sin embargo, ser la palabra de Dios pura y no adulterada. Pero realmente es cierto que el poder que estaba en la Palabra que se hizo carne, es el poder que está en la palabra que los apóstoles y profetas escribieron para nosotros.

Ahora puedes comenzar a valorar el poder que reside en la palabra. "Por la palabra de Jehová fueron hechos los cielos; y todo el ejército de ellos por el aliento de su boca". Salmos 33:6. Cristo, por quien los mundos fueron hechos, los sostiene "por la palabra de su poder". Hebreos 1:3. El poder que reside en las palabras de la revelación, es el poder que puede hacer que los mundos vengan a la existencia, y puede mantenerlos en sus lugares designados. Sin duda, vale la pena tomarse un tiempo para estudiar y meditar en la palabra.

Al hacer esto, traes a Cristo mismo a tu corazón. En Juan 15, el Señor te exhorta a que permanezcas en Él, y le permitas que more en ti; y luego, solo pocos versículos más adelante, Él habla de ti permaneciendo en Él y Su palabra permaneciendo en ti. Juan 15:4, 7. Es por su palabra que Cristo mora en tu corazón; porque Pablo dice que Cristo morará en tu corazón por fe (Efesios 3:17); y "la fe es por el oír y el oír por la palabra de Dios". Romanos 10:17.

Muchas personas anhelan fervientemente que Cristo venga y more en sus corazones, e imaginan que la razón por la que Él no lo hace es porque no son lo suficientemente buenos, y en vano intentan hacerse tan buenos que Él pueda condescender a venir. Olvidan que Cristo viene a su corazón, no porque esté libre de pecado, sino para liberarlo del pecado; posiblemente nunca se dieron cuenta de que Cristo está en la palabra, y que si lo conviertes en un compañero constante y te entregas a su influencia, tendrás a Cristo morando en ti. Cuando hayas escondido la palabra en tu corazón, en ella medites día y noche, y la creas con la fe simple de un niño, entonces tendrás a Cristo morando en tu corazón por fe, y experimentarás Su tremendo poder creativo

¿No es este pensamiento alentador? Cuando vienes a Dios en oración secreta, y el Espíritu te recuerda alguna preciosa promesa o necesidad de reconvención, ¿no es alentador saber que al aceptarlo, Cristo viene a tu corazón con el mismo poder que creó los mundos de la nada? ¿No recubre la palabra con nueva dignidad? No es de extrañar que David nunca se cansara de hacer sonar sus alabanzas. Que la idea de que Dios está en la Palabra sea un nuevo incentivo para que obtengas fortaleza para tu trabajo al tomar más tiempo para alimentarte de la fuente de la fuerza divina.

~8~

Fe y Aliento

"El justo vivirá por fe". Romanos 1:17. Eso significa que toda tu vida será fe, como dijo el apóstol Pablo: "La vida que ahora vivo en la carne la vivo por la fe del Hijo de Dios, el cual me amó y se entregó a sí mismo por mí". Gálatas 2:20. La fe no es cosa de un momento; si crees algo hoy y tienes dudas al respecto mañana, no tienes fe. La fe es continua; es una base eterna. Tú vives respirando. No puedes vivir respirando un día y dejando de respirar al día siguiente. Tan pronto como dejas de respirar, dejas de vivir. Así es con la fe; cuando tu fe cesa, tu vida recta cesa. Si ejercitas la fe tan a menudo como respiras, serás justo mientras vivas.

~9~

Salvación Presente

Dios habita en la eternidad, para que el tiempo todo esté presente con Él, de modo que todas Sus promesas y bendiciones para ti están en tiempo presente. Esto lo convierte en "una ayuda muy presente en problemas", ya que solo puedes vivir en el presente. No puedes vivir un momento en el futuro. Esperas cosas en el futuro y tienes la esperanza de lo que vendrá, pero el presente es todo lo que tienes, porque cuando lleguen las cosas que esperas, estarán presentes. Las cosas que esperas para el futuro, serán la continuación de las cosas que tienes ahora. Todas las cosas están en Cristo, y su promesa es: "... he aquí yo estoy con vosotros todos los días, hasta el fin del mundo". Mateo 28:20.

El apóstol Pablo bendijo a Dios porque Él "...nos bendijo con toda bendición espiritual en los lugares celestiales en Cristo". Efesios 1:3. Las promesas de Dios para el futuro deben ser realidades presentes para ti, si recibes algún beneficio de ellas. "porque todas las promesas de Dios son en él Sí, y en él Amén, por medio de nosotros, para la gloria de Dios". 2 Corintios 1:20. Es por estas "grandes y preciosas promesas" que te hace "participante de la naturaleza Divina". Las glorias del mundo venidero no serán más que la revelación de lo que tienes ahora en la presencia personal del Señor Jesucristo en tu interior. La única esperanza de gloria es Cristo en ti.

"Jesucristo es el mismo ayer, y hoy, y por los siglos". Hebreos 13:8. La palabra de Dios "vive y permanece para siempre". 1 Pedro 1:23. No tienes que lidiar con una palabra muerta, que se dijo hace tanto tiempo que no hay más fuerza en ella, sino con una palabra que tiene la misma vida que si se acabara de expresar.

De hecho, es beneficiosa para ti solo cuando lo recibes como te lo dijo directa y personalmente. "...cuando recibisteis la palabra de Dios que oísteis de nosotros, la recibisteis no como palabra de hombres, sino según es en verdad, la palabra de Dios, la cual actúa en vosotros los creyentes". 1 Tesalonicenses. 2:13. "Toda la Escritura es inspirada por Dios, y es útil..." 2 Timoteo 3:16. Todo está en el presente.

Por esta razón, nunca puedes superar las Escrituras. No hay un solo texto en la Biblia que se haya vuelto obsoleto. No hay ninguno que el Cristiano de la experiencia más larga haya superado, que no lo necesite. No hay ninguno que pueda dejarse de lado. El texto que te lleva al Salvador es el texto que siempre se necesita para mantenerte allí. Y aunque tu mente se ha expandido, y tu visión espiritual se ha fortalecido mucho, la palabra todavía tiene significado porque cada palabra de Dios es de profundidad infinita. Entonces, a medida que tu mente se expande, la palabra te significa más de lo que era al principio.

El universo parece mucho más grande para el astrónomo que para alguien que nunca ha mirado a través de un telescopio. Miras las estrellas con tus ojos y parecen muy lejanas. Luego las mira a través de un potente telescopio y, aunque puede ver mucho más lejos con él, la distancia a las estrellas parece ser mucho mayor que con tu visión limitada. De modo que cuanto más te familiarices con la palabra de Dios, más grande se vuelve. Las promesas de Dios, que parecían tan grandiosas cuando se te aparecieron por primera vez, se vuelven mucho más grandiosas cuanto más las consideras y las aplicas.

La palabra de Dios es una luz que brilla en un lugar oscuro. 2 Pedro 1:19. Es la revelación de Cristo, quien es la Luz del mundo, por lo tanto, es una lámpara. Salmos 119:105; Proverbios 6:23. Hemos oído hablar del joven marinero que quedó a cargo del timón, con instrucción de mantener la cabeza del barco directamente hacia cierta estrella, que se le señaló, y que, en unas pocas horas, llamó al capitán y le dijo que quería otra estrella para gobernar, ya que había navegado más allá de la primera que se le había dado. ¿Cuál fue el problema? Había girado la nave y navegaba lejos de la estrella. Lo mismo ocurre con aquellos que dicen que han superado ciertas porciones de la Biblia. Su problema es que le dieron la espalda.

¿Qué es el Evangelio? "...porque es poder de Dios para salvación a todo aquel que cree..." Romanos 1:16. Es el poder presente aplicado a tu salvación cuando tienes presente fe. ¿De qué te salva el poder de Dios? Jesús es el poder de Dios y se dijo de Él: "Llamarás Su nombre Jesús; porque Él salvará a su pueblo de sus pecados". Mateo 1:21. "Palabra fiel y digna de ser recibida de todos: que Cristo Jesús vino al mundo para salvar a los pecadores". 1 Timoteo 1:15. El Evangelio es el poder de Dios para salvarte del pecado. Pero es el poder presente, porque el pecado siempre está presente. Su poder se aplica solo mientras crees. "El justo vivirá por fe". Romanos 1:17. En el momento en que dejas de creer, entonces eres un pecador, exactamente como si nunca hubieras creído. La fe de ayer no responderá por hoy, así como tu respiración de ayer no te mantendrá con vida hoy.

El mensaje inmediato del Señor para ti antes de su venida es: "Tú dices que soy rico y me he enriquecido y no tengo necesidad de nada; y no sabes que tú eres desventurado, miserable, pobre, ciego y desnudo". Apocalipsis 3:17. ¿Has superado este texto? No. La bendición viene a ti cuando reconoces la verdad del cargo del Señor; entonces el Señor vendrá a ti para suplir todas tus necesidades. Es cuando dices: "Señor, ten misericordia de mí, un pecador", para que vayas a tu casa justificado.

Y es solo cuando continúas pronunciando esa oración, que estás justificado. "Porque cualquiera que se enaltece, será humillado; y el que se humilla, será enaltecido". Lucas 18:14. El apóstol dice: "Palabra fiel y digna de ser recibida por todos: que Cristo Jesús vino al mundo para salvar a los pecadores; de los cuales soy el primero". 1 Timoteo 1:15. Ten en cuenta que Él no dice: "el primero soy yo", sino "de los cuales soy el primero". Y fue cuando se reconoció a sí mismo como el primero de los pecadores, que la misericordia y la paciencia de Dios se manifestó primeramente en él como el jefe.

Algunos se preguntan si un Cristiano debería cantar estas líneas del bendito himno de Wesley:

"Justo y santo es tu nombre,
Soy todo injusticia;
Vil y lleno de pecado, yo soy;
Estás lleno de verdad y gracia".

Si piensas que has superado esas líneas estás en una condición lastimosa, porque te estás alejando de la fuente de la rectitud. "Ninguno hay bueno sino uno: Dios". Mateo 19:17. Por lo tanto, cualquier justicia que se exhibe en ti debe ser solo la justicia de Dios. Solo cuando reconoces tu propia pecaminosidad, echarás mano de la justicia de Dios que es por la fe de Cristo. Solo por la obediencia de Uno eres hecho justo. Romanos 5:19. Y ese Uno es Cristo. "Y él es la propiciación por nuestros pecados; y no solamente por los nuestros, sino también por los de todo el mundo". 1 Juan 2:2. El Cristiano de cuarenta años de experiencia necesita tanto la justicia que viene por medio de Cristo, como el pecador que ahora viene por primera vez al Señor. Entonces, leemos: "pero si andamos en luz, como él está en luz, tenemos comunión unos con otros, y la sangre de Jesucristo su Hijo nos limpia de todo pecado. Si decimos que no tenemos pecado, nos engañamos a nosotros mismos, y la verdad no está en nosotros". 1 Juan 1: 7, 8. Lo máximo que puedes decir es que Cristo no tiene pecado, y que Cristo se ha dado a Sí mismo por ti. Él es de Dios "nos ha sido hecho sabiduría, justificación, santificación y redención". 1 Corintios 1:30. Pero ten en cuenta que la limpieza es un proceso presente. Tú puedes saber que la sangre de Cristo te limpió del pecado en algún momento del pasado; pero eso no te hará ningún bien. Su vida se necesita continuamente, para que la purificación pueda permanecer continuamente. Tu eres "salvado por su vida". Romanos 5:10. Porque Cristo es tu vida Colosenses 3:4.

Entonces es cuando "Todo espíritu que confiesa que Jesucristo ha venido en carne, es de Dios; y todo espíritu que no confiesa que Jesucristo ha venido en carne, no es de Dios…" 1 Juan 4:2, 3. Nota nuevamente el tiempo presente. No es suficiente confesar que Jesucristo vino en carne; eso no te traerá la salvación. Debes confesar por conocimiento positivo, que Jesús acaba de aparecer en la carne, y entonces eres de Dios. Cristo vino a la carne hace dos mil años, solo para demostrar esto. Lo hizo una vez y puede volver a hacerlo. Si niegas la posibilidad de que Él venga en tu carne ahora, entonces niegas la posibilidad de que Él haya venido alguna vez en la carne.

Entonces tu parte es confesar con humildad de mente que eres un pecador; que no tienes nada bueno en ti. Si no haces esto, entonces la verdad no está en ti; pero si lo haces, entonces Cristo, que vino al mundo con el propósito expreso de salvar a los pecadores, vendrá y tomará su morada contigo, y entonces la

29

verdad estará en ti con toda seguridad. Entonces la perfección se manifestará en medio de la imperfección. Tendrás plenitud en medio de la debilidad. Porque "estamos completos en Él". Colosenses 2:10. Él ha creado todas las cosas por la palabra de Su poder y así puede llevarte a ti que no eres sino nada, y puede hacerte "para alabanza de la gloria de Su gracia". Efesios 1:6. "Porque de Él, y por Él, y para Él, son todas las cosas. A Él sea la gloria por los siglos. Amén". Romanos 11:36.

~10~

La Vida Cristiana

Se dijo alguna vez: "En la escuela el niño mira la copia en el libro de escritura, y la imita, tratando de escribir cada línea mejor. Esa es la vida cristiana, y eso es todo". ¿Eso es todo? De ninguna manera. Si fuera todo, no habría esperanza para ti; porque el modelo es Jesucristo, en quien mora "toda la plenitud de la Deidad corporalmente", y tú nunca, nunca, puedes duplicar exitosamente su vida. "Porque mis pensamientos no son vuestros pensamientos, ni vuestros caminos son mis caminos, dice Jehová. Porque como los cielos son más altos que la tierra, así son mis caminos más altos que tus caminos, y mis pensamientos más que tus pensamientos". Isaías 55:8, 9. Si aspiraras a copiar la vida de Cristo como el alumno copia su lección, y hacerlo exitosamente, debes tener poder igual al de Dios.

Si el niño cuya mano el maestro sostiene y guía al imitar la lección, fuera usado como una ilustración de la vida cristiana, sería un ejemplo más cercano a la verdad; pero incluso eso no sería la verdad. Eso es mecánico El niño puede ceder voluntariamente su mano al maestro, que puede ser guiado, pero la escritura, después de todo, no es suya. Dios no te usa como un instrumento muerto para ser operado, aunque debes rendirte como un instrumento de justicia para él.

La vida cristiana es simplemente la vida de Cristo. Si el maestro que establece la lección para el alumno, pudiera poner toda su habilidad y poder en ese chico, de modo que lo que escriba no sea simplemente una imitación de la lección del maestro, sino la escritura del maestro, y además el acto libre del niño, tendríamos una excelente ilustración de la vida cristiana. "…ocupaos en vuestra salvación con temor y temblor, porque

Dios es el que en vosotros produce así el querer como el hacer, por su buena voluntad". Filipenses 2:12, 13. "…ya no vivo yo, más vive Cristo en mí; y lo que ahora vivo en la carne, lo vivo en la fe del Hijo de Dios, el cual me amó y se entregó a sí mismo por mí". Gálatas 2:20.

"El que dice que permanece en él, debe andar como él anduvo". 1 Juan 2: 6. ¿Y cómo fue que Él anduvo? Cristo mismo dijo: "El Padre que mora en mí, él hace las obras". Juan 14:10. Cristo te ha dado el ejemplo, pero en lugar de pararte y verte tratar de imitarlo, con mucho gusto viene a tu corazón, haciéndose uno contigo, para que su vida sea tu vida, y sus actos sean tuyos. Esta es la vida, tu vida cristiana.

~11~

Desesperadamente Malvado

Muy probablemente te ofenderías y te sorprenderías si uno de tus amigos te dijera que eras una persona desesperadamente malvada, o si alguien te describiera de esa manera públicamente. Conoces algunas personas que son malvadas, tal vez algunas de ellas que consideras que son terriblemente malvadas. Y tú has leído acerca de tales personas en la historia y en los informes de crimenes que llenan las noticias; y no quisieras que te clasifiquen con ellos. Perteneces a la clase de personas "respetables", esa clase que no es tan buena como podría ser, pero que no hace nada malo. Ciertamente sería una gran difamación señalarte como desesperadamente malvado.

¿De verdad lo sería? Consideremos un poco este asunto. El Señor ha dicho algo sobre este punto, y no calumnia a las personas, sino que les dice a todos la exactamente la verdad. Jeremías dice: "El corazón es engañoso sobre todas las cosas, y perverso". Jeremías 17:9. ¿De quién es el corazón? Ah, no hay personas particulares especificadas en la declaración; su aplicación es general; significa tu corazón y el mío. Tampoco dice que tu corazón puede volverse engañoso y desesperadamente malvado, sino que ya es de esa manera. No hay forma de evitarlo; el Señor dice que tu corazón es engañoso sobre todas las cosas, y perverso. No importa tu posición y reputación en la sociedad; si el corazón humano gobierna dentro de ti, entonces eres desesperadamente malvado. Y es solo porque tu corazón es tan engañoso que no te das cuenta del hecho. Sí; hay asesinato allí; hay adulterio, hay robo y blasfemia, existe ese terrible crimen que te impactó cuando lo leíste, y por el cual un

33

hombre fue ejecutado; hay todo por lo cual la gente rebelde a la ley es culpable y opuesta a los Diez Mandamientos. El Señor lo dice; Él afirma: "Por cuanto los designios de la carne son enemistad contra Dios; porque no se sujetan a la ley de Dios, ni tampoco pueden". Romanos 8:7.

¿Hasta qué punto de la ley de Dios es que no está sujeta la mente carnal? ¿Puede estar sujeta a una parte de la ley y no estar sujeta a la parte restante? En verdad, eso no puede ser. Tu corazón debe estar sujeto a la ley en su totalidad, o no estar sujeto a ella en absoluto; y el corazón carnal, como el texto declara, "no está sujeto a la ley de Dios". Esta naturaleza carnal es la naturaleza que obtienes por nacimiento, y esta naturaleza debes retener, sin importar cuál sea tu posición y ocupación, hasta que permites que el Señor transforme tu corazón por el poder de su gracia. Y por lo tanto, cuando este corazón natural o carnal existe, estás en enemistad con cada punto de los Diez Mandamientos. No solo estás en enemistad con el mandamiento que dice: "No codiciarás", como puede serlo una persona muy respetable, pero tampoco estás en armonía con los mandamientos que dicen: "No matarás" y "No cometerás adulterio". Es posible que no sientas que la enemistad te incita a cometer alguna acción escandalosa; sin embargo, está allí.

Incluso, si crees que eres una buena persona, ¿sabes lo que hay en tu corazón? ¿Con qué frecuencia las circunstancias revelan males con los que no soñaste? Deja que tu naturaleza se revele repentinamente, y las palabras y los hechos broten y te causen sorpresa y vergüenza. La gente no comienza la vida para convertirse en asesinos, adúlteros o ladrones. Tales personas se horrorizarían si les dijera al principio lo que traería el desarrollo de los años posteriores. Su naturaleza era la misma que la tuya; las malas acciones estaban allí.

De nada sirve negar lo que el Señor te dice. Si la mera "reputación" pudiera decidir la cuestión, el diablo tendría la ventaja sobre ti, porque él "porque el mismo Satanás se disfraza como ángel de luz". 2 Corintios 11:14, y tu no tienes ese poder. No puedes competir con el demonio en buena apariencia. El Señor te ve tal como eres, y mientras más pronto te veas a ti mismo como Él te ve, mejor. Cuando te convenzas de que realmente eres verdaderamente perverso, verás la necesidad de deshacerte por completo de tu corazón carnal heredado, en lugar de tratar de hacerlo presentable a Dios con tus esfuerzos por remendarlo. Estarás listo para aceptar el nuevo corazón que Dios te da a condición de una perfecta sumisión a Él. Estarás dispuesto a recibir a Jesucristo que mora en tu corazón por la fe.

Tu puedes elegir entre un corazón que es desesperadamente perverso y uno que es infinitamente bueno.

~12~

Escucha y Vive

Nueve de los Diez Mandamientos comienzan con la palabra "No". No son meramente negativos, sin embargo, ya que están resumidos en los dos grandes mandamientos positivos: "Amarás al Señor tu Dios con todo tu corazón, y con toda tu alma y con toda tu mente", y "Amarás a tu prójimo como a ti mismo". Con demasiada frecuencia, estos son considerados como simples órdenes arbitrarias, pero son mucho más que eso. Hay un poder en ellos que no pertenece a las palabras ordinarias. Es el poder de la palabra de Dios, que es la vida misma. Cristo dijo: "Las palabras que os hablo son espíritu, y son vida". Juan 6:63. Siendo del mismo Espíritu de vida, dan vida a todos los que los escuchan.

El poder vivificante de la palabra del Señor se demuestra en la resurrección de Lázaro y la hija del gobernante. Cristo dijo: "De cierto, de cierto os digo, que viene la hora, y ahora es, cuando los muertos oirán la voz del Hijo de Dios; y los que oyen vivirán". Juan 5:25. Luego sigue la declaración de que como el Padre tiene vida en Sí mismo, así también le ha dado al Hijo tener vida en Sí mismo, de modo que cuando llegue la hora, todos los que están en sus tumbas oirán Su voz, y saldrán.

"La fe es por el oír y el oír por la palabra de Dios". Romanos 10:17. "Con el corazón, el hombre cree". El oír de la fe pone las palabras de Dios en tu corazón. Pero Cristo mora en tu corazón por fe (Efesios 3:17), porque Su Espíritu está en Su palabra; para que al oír de la fe traiga la vida de Cristo a tu corazón, y eso es justicia.

Así pone la ley en tu corazón; porque cuando Moisés amonestó al pueblo a guardar los mandamientos, dijo: "Porque este mandamiento que yo te ordeno hoy no es demasiado difícil para ti, ni está lejos. No está en el cielo, para que digas: ¿Quién subirá por nosotros al cielo, y nos lo traerá y nos lo hará oír para que lo cumplamos? Ni está al otro lado del mar, para que digas: ¿Quién pasará por nosotros el mar, para que nos lo traiga y nos lo haga oír, a fin de que lo cumplamos? Porque muy cerca de ti está la palabra, en tu boca y en tu corazón, para que la cumplas". Deuteronomio 30:11-14.

En Romanos 10, justo antes de la conclusión del apóstol de que la fe viene por el oír y escuchar por la palabra de Dios, se cita este pasaje de Deuteronomio, y se muestra que el "mandamiento" se refiere a Cristo, que es el alma y la sustancia de la Ley. Y que esto es lo que Moisés quiso decir con las palabras se muestra en la afirmación de Pablo, que las palabras de Moisés son el lenguaje de "la justicia que es de fe". Y además, por las palabras del propio Moisés: "A los cielos y a la tierra llamo por testigos hoy contra vosotros, que os he puesto delante la vida y la muerte, la bendición y la maldición; escoge, pues, la vida, para que vivas tú y tu descendencia; amando al Señor tu Dios, atendiendo a su voz, y siguiéndole a él; porque él es vida para ti, y prolongación de tus días; a fin de que habites sobre la tierra que juró Jehová a tus padres, Abraham, Isaac y Jacob, que les había de dar". Deuteronomio 30:19, 20.

La vida viene al guardar los mandamientos (Mateo 19:17, Apocalipsis 22:14); pero Cristo es la vida de la ley, y Él mora en tu corazón por fe en Su palabra. Por lo tanto, la ley como la verdadera justicia de Dios, y no la mera forma, es vida y tiene poder para dar vida. David dijo: "Este es mi consuelo en mi aflicción; porque Tu palabra me ha vivificado". Salmos 119:50.

"Oye, Israel: Jehová nuestro Dios, Jehová uno es. Y amarás Jehová tu Dios de todo tu corazón, y de toda tu alma, y con todas tus fuerzas. Y estas palabras que yo te mando hoy, estarán sobre tu corazón;". Deuteronomio 6:4-6. ¿Cómo están en tu corazón? Por fe. ¿Y cómo viene la fe? Al escuchar, al igual que en el último día, aquellos que escuchan la voz de Dios resucitarán de sus tumbas, así que ahora aquellos que realmente escuchan Sus mandamientos recibirán vida de ellos. En consecuencia, el Señor testificó de la siguiente manera: "Oye, pueblo mío, y yo te testificaré; Oh Israel, si me oyeres, no habrá dios extraño en ti; ni adorarás a ningún dios extraño". Salmos 81:8, 9.

Si los hijos de Israel hubieran escuchado al Señor continuamente, Él habría asegurado su salvación. Mientras lo escuchaban, Él habría tomado la responsabilidad de mantenerlos libres de la idolatría y de todos los pecados. Así que cuando está en la ley, Él dice "No lo harás", no solo quiere prohibirte hacer las cosas mencionadas, sino también asegurarte que no las harás si solo oyes con fe, reconociéndolo a Él en ellos.

Una cosa no debe perderse de vista, y es que la justicia que se obtiene al escuchar la fe no es una mera justificación pasiva. Es la justicia activa de Dios. Y, además, es justamente esa rectitud la que se exige en los Diez Mandamientos, sin ninguna variación. Si escuchas a Dios, debes escuchar las mismas palabras de Dios, y los Diez Mandamientos son las palabras que Dios habló con Su propia voz. Él no dijo: "El primer día es el día de reposo del Señor", sino que Él dijo: "El séptimo día es el día de reposo el Señor tu Dios". Puesto que Dios nunca ordenó la observancia del primer día de la semana, no puedes escuchar esas palabras de su boca; en consecuencia, no puedes recibir vida o justicia al observar el domingo.

"No solo de pan vivirá el hombre, sino de toda palabra que sale de la boca de Dios;" "El que tiene oído para oír, oiga". Pero "observa cómo oyes".

~13~

El Poder del Perdón

"Y sucedió que le trajeron un paralítico, tendido sobre una cama; y al ver Jesús la fe de ellos, dijo al paralítico: Ten ánimo, hijo; tus pecados te son perdonados. Entonces algunos de los escribas decían dentro de sí: Este blasfema. Y conociendo Jesús los pensamientos de ellos, dijo: ¿Por qué pensáis mal en vuestros corazones? Porque, ¿qué es más fácil, decir: Los pecados te son perdonados, o decir: Levántate y anda? Pues para que sepáis que el Hijo del Hombre tiene potestad en la tierra para perdonar pecados (dice entonces al paralítico): Levántate, toma tu cama, y vete a tu casa. Entonces él se levantó y se fue a su casa. Y la gente, al verlo, se maravilló y glorificó a Dios, que había dado tal potestad a los hombres". Mateo. 9:2-8.

Los cristianos dicen a menudo: "Puedo entender y creer que Dios perdona mis pecados, pero es difícil para mí creer que Él puede evitar que peque". Ellos tienen mucho que aprender acerca de lo que significa el perdón de los pecados. Es verdad que a menudo tienen una medida de paz al creer que Dios perdona sus pecados. Pero se privan de mucha bendición a través de su incapacidad de captar el poder del perdón.

"Estos están escritos, para que creáis que Jesús es el Cristo, el Hijo de Dios; y para que creyendo, tengáis vida en su nombre". Juan 20:31. Los escribas no creían que Jesús pudiera perdonar el pecado. Para demostrar que tenía poder para perdonar pecados, sanó al paralítico. Este milagro se realizó con el propósito expreso de ilustrar el trabajo de perdonar el pecado y demostrar su poder. Jesús le dijo al paralítico: "Levántate, toma tu lecho, y vete a tu casa", para que entiendas Su poder para perdonar el pecado. Entonces el poder que se exhibe en la curación de ese hombre es el poder que se te ofrece en el perdón de tus pecados.

Nota particularmente que el efecto de las palabras de Jesús continuó después de que fueron dichas. Hicieron un cambio en el hombre, y ese cambio fue permanente. Funciona de la misma manera en el perdón del pecado. Es fácil pensar que cuando Dios perdona tus pecados, que el cambio está en Dios y no en ti, Dios finalmente deja de tener algo contra ti. Pero esto implica que Dios tuvo un agravio contra ti, que no es el caso. Dios no es un hombre; Él no guarda rencor contra ti. No es porque tenga un fuerte sentimiento en su corazón contra ti que te perdona, sino por algo en tu corazón. Dios está bien; tú todo mal. Entonces Dios te perdona para que tú también puedas estar bien.

Para ilustrar el perdón del pecado, Jesús le dijo al hombre: "Levántate, toma tu lecho, y vete a tu casa". El hombre se levantó, obedeciendo Su voz. El poder que estaba en las palabras de Jesús, lo levantó y lo hizo bien.

El poder que quitó su parálisis y le dio fuerza permaneció en él mientras mantuviera la fe. Esto es ilustrado por el salmista, cuando dice: "Esperé pacientemente al SEÑOR; y se inclinó hacia mí y oyó mi clamor. Él también me sacó de un pozo horrible, del lodo cenagoso, y puso mis pies sobre una roca, y estableció mis pasos". Salmos 40:1, 2.

Hay vida en las palabras de Dios. Jesús dijo: "Las palabras que yo os digo, ellas son espíritu, y ellas son vida". Juan 6:63. La palabra recibida en fe trae el Espíritu y la vida de Dios a tu alma. Entonces, cuando escuchas las palabras, "Hijo, ten ánimo, tus pecados te son perdonados", y recibes esas palabras en penitencia, como las palabras vivientes del Dios viviente, una nueva vida comienza en ti y tú eres una persona diferente. Es el poder del perdón de Dios, y solo eso, lo que te impide pecar. Si continúas pecando después de recibir el perdón, es porque no has comprendido la plenitud de la bendición que se te dio en el perdón de tus pecados.

En la historia que leemos, el hombre recibió una nueva vida. Su condición paralítica era su vida natural consumiéndose. Estaba parcialmente muerto. Las palabras de Cristo le dieron vida fresca. Esta nueva vida que le fue dada a su cuerpo le permitió caminar. Esta es una ilustración para ti de la vida invisible de Dios que había recibido con las palabras: "Tus pecados te son perdonados", y que lo convirtió en una nueva criatura en Cristo.

Esta ilustración simple y clara te ayudará a entender algunas de las palabras del apóstol Pablo. "Dando gracias al Padre, que nos ha hecho reunirnos para ser partícipes de la herencia de los santos en la luz; quien nos libró del poder de las tinieblas, y nos ha trasladado al reino de su amado Hijo; en quien tenemos redención por su sangre, y el perdón de los pecados". Colosenses 1:12-14. Ve la misma declaración referente a la redención a través de la sangre de Cristo, en 1 Pedro 1:18, 19; Apocalipsis 5: 9.

Nota dos puntos: Tu tiene redención a través de la sangre de Cristo, y esta redención es el perdón de los pecados. Pero la sangre es la vida. Ver Génesis 9: 4; Apocalipsis 17:13, 14. Por lo tanto, Colosenses 1:14 te está diciendo que tienes redención a través de la vida de Cristo. Pero, ¿no dice la Escritura que estamos reconciliados con Dios por la muerte de su Hijo? Sí, y eso es lo que se enseña aquí. Cristo "se entregó a sí mismo por nosotros, para poder redimirnos de toda iniquidad". Tito 2:14. Él "se entregó a sí mismo por nuestros pecados". Gálatas 1:4. Al darse a sí mismo, entrega su vida. Al derramar Su sangre, Él derrama Su vida. Pero al renunciar a su vida, Él te la da. Su vida es justicia, incluso la justicia perfecta de Dios, de modo que cuando la recibas es "hecha la justicia de Dios en Él". Es la recepción de la vida de Cristo, al ser bautizado en Su muerte, lo que te reconcilia con Dios. Así es como "vestíos del nuevo hombre que según Dios fue creado en justicia y verdadera santidad", "según la imagen del que lo creó". Efesios 4:24; Colosenses 3:10.

Ahora lee Romanos 3:23-25, y será más fácil de entender: "Por cuanto todos pecaron, y están destituidos de la gloria de Dios; siendo justificados [es decir, hechos justos, o hacedores de la ley] libremente por su gracia a través de la redención que es en Cristo Jesús; a quien Dios ha dispuesto como propiciación mediante la fe en su sangre, para declarar su justicia para la remisión [el envío] de los pecados pasados, por la paciencia de Dios".

Has pecado. Toda tu vida ha sido pecado. Incluso tus pensamientos han sido malvados. Marcos 7:21. Y tener una mente carnal es la muerte. Por lo tanto, tu vida de pecado es una muerte viviente. Si no eres liberado, morirás eternamente. No tienes habilidad para obtener la justicia de la santa ley de Dios, por lo que Dios en su misericordia pone su propia justicia sobre ti cuando crees. Como un obsequio, de las riquezas de Su gracia, Él te hace justo. Él hace esto por Sus palabras. Él declara - pronuncia- Su justicia hacia y por medio de tu fe en la sangre de Cristo. En Él está la justicia de Dios, "porque en él mora toda la plenitud de la Deidad corporalmente".

Cuando Él habla la justicia de Dios sobre ti, esto quita tu pecado. Dios quita tu vida pecaminosa al poner su propia vida recta en su lugar. Este es el poder del perdón de los pecados. Es "el poder de una vida sin fin".

Cuando recibes la vida de Dios por fe comienza tu vida cristiana. ¿Cómo continúas? De la misma manera que comenzaste. "Por tanto, como habéis recibido a Cristo Jesús, el Señor, así andad en él". Colosenses 2:6. Porque "el justo vivirá por la fe". El secreto para vivir la vida cristiana es simplemente aferrarse a la vida de Cristo, que recibiste de Él cuando perdonó tus pecados. Dios perdona tu pecado quitándoselo. Él te justificó haciéndote piadoso. Él reconcilia tu yo rebelde consigo mismo quitándote tu rebelión y haciéndote leal y obediente.

¿Te es difícil entender cómo puedes tener la vida de Dios como un hecho real? ¿Parece irreal porque lo tienes por fe? Fue por fe que el pobre paralítico recibió nueva vida y fortaleza. ¿Era su fuerza menos real? ¿No fue un hecho real que recibió fuerza? ¿No puedes entenderlo? Por supuesto que no, porque es una manifestación de "el amor de Dios que sobrepasa el conocimiento". Pero puedes creerlo, y darte cuenta del hecho, y entonces tendrás la eternidad para estudiar lo maravilloso de ello. Lee una y otra vez la historia de la curación del hombre paralítico y medita en ella hasta que sea una realidad viva para ti. Luego recuerda que "están escritos para que creáis que Jesús es el Cristo, el Hijo de Dios, y para que creyendo, tengáis vida en Su nombre".

~14~

Eva no Creyó a Dios

Si Eva hubiera creído a la palabra de Dios ella nunca habría pecado.

Sí, siempre y cuando Eva hubiera creído en la palabra de Dios, ella nunca habria pecado. Si piensas en esto, estarás de acuerdo en que es verdad.

Ella tenía la palabra de Dios claramente expresada: "Del árbol del conocimiento del bien y del mal no comerás de él; porque el día que de él comieres, ciertamente morirás".

Satanás vino con su nueva palabra, sus argumentos y persuasiones: "No moriréis; porque Dios sabe que el día que comáis de él, serán abiertos vuestros ojos, y seréis como Dios, sabiendo el bien y el mal".

Si Eva hubiera dicho: "No; Dios dijo que no debo comer de ese árbol. Dijo que el día que comiera moriría. Creo en Dios. No pretendo entenderlo, pero Él si lo comprende. Confiaré en Él. No comeré de ese árbol". Si ella hubiera hecho esto, nunca habría pecado. Y mientras ella siguiera creyendo, no podría haber pecado.

Entonces, es eternamente verdad que si Eva hubiera creído a Dios, nunca habría pecado. Y mientras creyera en Dios, nunca podría haber pecado. Y lo mismo con Adán.

Ahora esto es tan cierto hoy como lo fue ese día; y es tan cierto para ti hoy como lo fue para Eva ese día.

Hoy, si le crees a Dios, no pecarás; y mientras creas en Dios, no puedes pecar. Este principio es eterno, y es tan bueno hoy como lo fue al principio. Y Cristo en nuestra naturaleza humana lo ha demostrado.

Pero esto requiere realmente creer en Dios. No una creencia fingida, que aparentemente acepta una palabra del Señor y rechaza la otra; que profesa creer una declaración de la palabra de Dios, y duda de la siguiente. Esa forma de hacerlo no es creer en Dios en lo absoluto.

Esto también requiere preparación y diligencia, un hambre y sed, de conocer la palabra de Dios, que lo llevará una y otra vez a saber todo lo que el Señor ha dicho. Por supuesto, si prefieres pecar antes que buscar, conocer y creer en la palabra de Dios, para no pecar, no hay poder en el universo que pueda impedirte pecar. Pero si aborreces el pecado, y prefieres morir antes que pecar, para ti la palabra de Dios es preciosa; para ti es un placer, sí, una alegría, estudiar para encontrar todo lo que el Señor ha hablado. Contigo hay un hambre y sed que gustosamente recibirán la palabra de Dios, para que no peques.

"En cuanto a las obras humanas, por la palabra de tus labios Yo me he guardado de las sendas de los violentos". Salmos 17:4.

"Fueron halladas tus palabras, y yo las comí; y tu palabra me fue por gozo y por alegría de mi corazón". Jeremías 15:16.

"Procura con diligencia presentarte a Dios aprobado". 2 Timoteo 2:15.

"La palabra de Cristo more en abundancia en vosotros". Colosenses 3:16.

"En mi corazón he guardado tus dichos, Para no pecar contra ti". Salmos 119:11.

Y entonces ciertamente serás, "que sois guardados por el poder de Dios mediante la fe, para alcanzar la salvación que está preparada para ser manifestada en el tiempo postrero". 1 Pedro 1:5.

~15~

Otro Hombre

Hay algo excesivamente reconfortante en el pensamiento de recibir el poder del Espíritu Santo; y no es de extrañar, porque el Espíritu es el Consolador. Pero la gran comodidad se muestra en el resultado, como se ilustra en un caso típico. Cuando Samuel ungió a Saúl como rey sobre Israel, le dijo: "Encontrarás una compañía de profetas que descienden del lugar alto, y delante de ellos salterio, pandero, flauta y arpa, y ellos profetizando. Entonces el Espíritu de Jehová vendrá sobre ti con poder, y profetizarás con ellos, y serás mudado en otro hombre". 1 Samuel 10:5,6

Qué pensamiento maravillosamente agradable, que el Espíritu convierte a aquel que se rinde ante su presencia en otro hombre. El viejo hombre es pecaminoso. Somos carnales por naturaleza. Hemos hecho muchas obras malas, porque el pecado es nuestra propia naturaleza. Los recuerdos de esos pecados a menudo nos han horrorizado, ya que el conocimiento de la naturaleza pecaminosa, de la que provenían, a menudo ha sido para nosotros un dolor y una vergüenza. Las fechorías pasadas que no pudimos aniquilar, nos han sido presentadas por Satanás para desalentarnos y así darle mayor poder sobre nuestra naturaleza pecaminosa.

Pero ahora nos llegan las gloriosas noticias de que al someternos al Espíritu de Dios, podemos convertirnos en otras personas. Ese "nuevo hombre" es "creado en justicia y verdadera santidad". Efesios 4:24 Y toma el lugar de "El viejo hombre, que está corrompido según los deseos engañosos". Este nuevo hombre es "y revestido del nuevo, el cual conforme a la imagen del que lo creó" (Colosenses 3:10) y esta renovación tiene lugar "día a día". 2Cor 4:16

Cedemos, y la transformación tiene lugar. Continuamos cediendo y la renovación se lleva a cabo continuamente. Y ahora el diablo vuelve a nosotros con sus viejos trucos. Él presenta la larga lista de pecados, pero ya no nos atemorizan. Podemos decirle: "has cometido un error; el hombre que solía vivir aquí, y que cometió esos pecados, está muerto, y no tengo ninguna conexión con él, y por lo tanto no se me puede pedir que resuelva sus cuentas". No hay más "temeroso buscando juicio," y no vendrá a condenación, mas ha pasado de muerte a vida. Juan 5:24

El diablo prueba sus viejas tentaciones, a través de los deseos de la carne, pero nuevamente está desconcertado. No solía tener dificultad para descarriarnos, pero ahora tiene otro hombre con quien tratar, y para su asombro descubre que sus propósitos fracasan. No somos condenados, porque caminamos en el Espíritu.

Este nuevo hombre nunca pecó, porque fue "creado en justicia y verdadera santidad" y se mantuvo eternamente nuevo. Cuán a menudo hemos deseado poder deshacernos de nosotros mismos. Podemos. La palabra viene a nosotros, "aleja al anciano, con sus obras", y con la palabra llega el poder para alejarlo. Y el hombre nuevo no puede pecar, porque es la misma imagen de Dios. Para que nuestro papel día a día sea declarar desde el corazón con el apóstol Pablo:

"Porque yo por la ley soy muerto para la ley, a fin de vivir para Dios. Con Cristo estoy juntamente crucificado, y ya no vivo yo, mas vive Cristo en mí; y lo que ahora vivo en la carne, lo vivo en la fe del Hijo de Dios, el cual me amó y se entregó a sí mismo por mí". Gálatas 2:19, 20.

~16~

Tan Libre Como un Pájaro

Jesucristo comenzó su ministerio terrenal leyendo en la sinagoga de Nazaret las siguientes palabras de Isaías: "El Espíritu del Señor está sobre mí, por cuanto me ha ungido para dar buenas nuevas a los pobres; me ha enviado a sanar a los quebrantados de corazón; a pregonar libertad a los cautivos, y vista a los ciegos; a poner en libertad a los oprimidos; a predicar el año agradable del Señor". Lucas 4:18,19 Y luego Él le dijo a la congregación: "Hoy se cumple este pasaje en sus oídos".

Volviendo al lugar de donde Cristo leyó, encontramos estas palabras: "El Espíritu de Jehová el Señor está sobre mí, porque me ungió Jehová; me ha enviado a predicar buenas nuevas a los abatidos, a vendar a los quebrantados de corazón, a publicar libertad a los cautivos, y a los presos apertura de la cárcel". Isaías 61:1.

El término hebreo que Isaías pronunció, "la apertura de la prisión", tiene el significado general de "abrir", y se aplica para abrir los ojos de los ciegos y los oídos de los sordos. En consecuencia, el Salvador le dio esta doble aplicación al leerlo, de modo que en Lucas, en lugar de la única declaración "la apertura de la prisión para ellos que están atados", tenemos las dos declaraciones "recuperación de la vista a los ciegos" y " poner en libertad a los que están heridos".

Todo el significado del texto es que Cristo vino a dar libertad en todo el sentido de la palabra. Está cargado con la idea de libertad en una medida que pocos se dan cuenta. Tú serás ampliamente recompensado por unos minutos de estudiarlo de cerca, y durante muchas horas de meditarlo más tarde.

Isaías 61:1 dice que Cristo fue ungido "para proclamar libertad a los cautivos". La palabra "libertad" es de una palabra en el hebreo que denota "a una golondrina". La forma del verbo significa "volar en un círculo, girar al volar", como un pájaro en el aire. A partir de esto, es fácil ver cómo la palabra llegó a significar "autonomía" y "libertad".

Aprendemos que la idea bíblica de la libertad está mejor representada por el elegante vuelo de una golondrina en el aire. A menudo usamos la expresión "libre como un pájaro", y eso expresa exactamente la libertad con la que Cristo te hace libre. ¿No es algo glorioso? ¡Cómo se emociona tu alma con solo pensar en ese sentido de libertad!

El pecado es esclavitud. Jesús dijo "De cierto, de cierto os digo, que todo aquel que hace pecado, esclavo es del pecado". Juan 8:34. No solo estás en esclavitud, sino que estás en prisión. El apóstol Pablo dice: "Mas la Escritura lo encerró todo bajo pecado, para que la promesa que es por la fe en Jesucristo fuese dada a los creyentes. Pero antes que viniese la fe, estábamos confinados bajo la ley, encerrados para aquella fe que iba a ser revelada". Gálatas 3:22,23. La palabra "concluyó" significa "guarden silencio juntos". Todos los pecadores están en esclavitud, encerrados juntos en prisión, condenados a trabajos forzados.

El final del pecado es la muerte. Santiago 1:15. En consecuencia, no solo estás encerrado en la cárcel, condenado a un trabajo duro e inútil, sino que tienes el temor a la muerte continuamente ante ti. Es de esto que Cristo te libera. Ver Hebreos 2:14,15. "Porque miró desde lo alto de su santuario; Jehová miró desde los cielos a la tierra, para oír el gemido de los presos, para soltar a los sentenciados a muerte". Salmos 102:19,20.. Cristo dice, "Así que, si el Hijo os libertare, seréis verdaderamente libres". Juan 8:36.

"Libre de hecho". Con lo que ya has aprendido de Isaías 61: 1, puedes comprender fácilmente la plenitud de esa libertad. Imagina un pájaro que ha sido atrapado y encerrado en una jaula. Anhela la libertad, pero las barras crueles lo hacen imposible. Entonces la puerta se abre. El pájaro ve la apertura, pero a menudo ha sido engañado en sus intentos de obtener su libertad, que vacila. Da un salto y descubre que la prisión está realmente abierta, tiembla un momento de gran alegría ante la idea de la libertad, luego abre sus alas y revolotea por el aire con tal éxtasis como solo puede ser conocido por alguien que ha sido un cautivo. "¡Libre de verdad!" Tan libre como un pájaro. Esta es la libertad con la que Cristo libera al cautivo del pecado. El salmista tenía esa experiencia y dijo "Nuestra alma escapó cual ave del lazo de los cazadores; Se rompió el lazo, y escapamos nosotros". Salmos 124:7. Esta es la experiencia de cada uno que verdaderamente y sin reservas acepta a Cristo.

Es la verdad que da esta libertad; por lo que Cristo dice, "y conoceréis la verdad, y la verdad os hará libres". Juan 8:32. Él es la verdad, y su Palabra es la verdad. El Salmista dice, "Tu justicia es justicia eterna, y tu ley la verdad". Salmos 119:142. "Y andaré en libertad, porque busque tus mandamientos". Salmos 119:45. Desde el margen, esto es literal, "caminaré en un lugar amplio, porque busco tus preceptos". Esto encaja con el versículo 96: "He visto el fin de toda perfección; pero tu mandamiento es muy amplio". Los mandamientos de Dios forman un lugar excesivamente amplio en el que todos aquellos que lo buscan pueden caminar. Ellos son la verdad, y es la verdad la que da libertad.

"La ley es espiritual". Romanos 7:14. Esto es, la ley es la naturaleza de Dios, "Porque el Señor es el Espíritu; y donde está el Espíritu del Señor, allí hay libertad". 2 Corintios 3:17. Debido a que el Espíritu del Señor DIOS estaba en Cristo, Él podía proclamar libertad a los cautivos del pecado. Entonces leemos las palabras de Pablo que había sido un esclavo cautivo, "vendido bajo pecado". "Ahora, pues, ninguna condenación hay para los que están en Cristo Jesús, los que no andan conforme a la carne, sino conforme al Espíritu. Porque la ley del Espíritu de vida en Cristo Jesús me ha librado de la ley del pecado y de la muerte". Romanos 8:1,2.

La ley de Dios estaba, y esta, en el corazón de Cristo. Salmos 40: 8. Fuera del corazón están los asuntos de la vida (Proverbios 4:23); por lo tanto, la vida de Cristo es la ley de Dios. Cuando intentas mantener la ley con tu propia fuerza, invariablemente te esclaviza, con la misma seguridad que si burlaras la ley deliberadamente. La única diferencia es que en el último caso eres un esclavo dispuesto, mientras que en el primero eres un esclavo no dispuesto. Solo en Cristo se encuentra la justicia perfecta de la ley, y, por lo tanto, su vida es "la ley perfecta de la libertad", en la cual se nos dice que debemos mirar continuamente. Santiago 1:25; Hebreos 12: 2. La ley que te silencia hasta cierta muerte cuando te encuentras fuera de Cristo, se convierte en vida y libertad para ti cuando estas en Cristo. Hemos visto que el "mandamiento es muy amplio". ¿Qué tan amplio? Tan amplio como la vida de Dios. Por lo tanto, la libertad, o el "amplio lugar" en el que puedes caminar cuando buscas la ley de Dios, es la amplitud de la mente de Dios, que comprende el universo. Esta es "la gloriosa libertad de los hijos de Dios". "Sus mandamientos no son penosos", sino por el contrario, son vida y libertad para ustedes al aceptarlos "como la verdad está en Jesús". Dios no les ha dado el espíritu de esclavitud, pero te ha llamado a la libertad que Él mismo disfruta; porque cuando creemos en su palabra, somos sus hijos, "herederos de Dios y coherederos con Jesucristo".

Solo el Espíritu de Dios puede dar tal libertad como esta. Ninguna persona puede darla, y ningún poder terrenal puede quitarla. Hemos visto que no puedes obtenerla por tus propios esfuerzos al guardar la ley de Dios. Los mayores esfuerzos humanos pueden resultar en nada más que la esclavitud. Por lo tanto, cuando los gobiernos civiles promulgan leyes que requieren que sigas una cierta costumbre religiosa, simplemente están forjando cadenas para ti; porque la religión, por ley, significa una religión con un poder puramente humano. No es cuando intentas hacer lo correcto que eres libre, sino cuando realmente lo haces bien. Pero no puedes hacer lo correcto a menos que Dios mismo trabaje las obras en ti.

La libertad que Cristo te da es la libertad de tu alma. Es libertad de la esclavitud del pecado. Eso, y solo eso es verdadera libertad religiosa. No se encuentra en ninguna parte más que en la religión de Jesucristo. Cuando tienes esa libertad, eres libre incluso en una celda de prisión. El esclavo que la tiene está infinitamente más en libertad que su cruel amo, incluso si el amo es un rey. ¿Quién está allí que no quiere la libertad que es algo más que un nombre?

Y ahora una palabra más de aliento para ti si eres esclavo del pecado y estás desconsolado por tu esclavitud, y te desanimas por el fracaso de tus intentos repetidos de escapar. La libertad es tuya, si quieres tomarla. Lee de nuevo las palabras de Cristo, que son palabras vivas hoy:

"El Espíritu del Señor está sobre mí, porque me ungió Jehová; me ha enviado a predicar buenas nuevas a los abatidos, a vendar a los quebrantados de corazón, a publicar libertad a los cautivos, y a los presos apertura de la cárcel; a proclamar el año de la buena voluntad de Jehová". Isaías 61:1,2.

¿Qué es eso? La libertad ya ha sido proclamada. Las puertas de tu prisión ya están abiertas, y solo tienes que creerlo y marcharte, creyéndolo continuamente. Cristo hoy te está proclamando la libertad, porque Él ha roto la trampa, y ha soltado tus ataduras. Salmos 116:16. Él te dice que ha abierto la puerta de tu prisión, para que puedas andar en libertad, si solo andas por fe en Él. Es la fe la que te abre la puerta cuando estás encerrado en el pecado. Cree en su palabra, declara que eres libre en su nombre, y luego, por la fe humilde, permanece firme en la libertad por la cual Cristo te ha hecho libre. Entonces sabrás la bendición de la seguridad:

"Pero los que esperan a JEHOVÁ tendrán nuevas fuerzas; levantarán alas como las águilas; correrán, y no se cansarán; caminarán, y no se fatigarán". Isaías 40:31.

~17~

Jesucristo el Justo

"Si alguno hubiere pecado, abogado tenemos para con el Padre, a Jesucristo el justo". 1 Juan 2:1. De todos los seres que han vivido en esta tierra, solo Cristo "no pecó". Él es el único de quien podría decirse: "No hay injusticia en él". Salmos 92:15. Él mismo sin egotismo se declaró sin pecado. Y la razón por la que Él podía hacer esto, era que Él era en verdad Dios. "En el principio era el Verbo, y el Verbo era con Dios, y el Verbo era Dios". "Y aquel Verbo fue hecho carne, y habitó entre nosotros". Juan 1:1,14. Cristo es Dios manifestado en la carne, para que su nombre fuera Emmanuel: "Dios con nosotros". Mateo 1:23.

Porque "en Él no hay pecado", "se manifestó para quitar nuestros pecados". 1 Juan 3: 5. "y este será su nombre con el cual le llamarán: JEHOVÁ, JUSTICIA NUESTRA". Jeremías 23:6. Ten en cuenta que Él es tú justicia, y no simplemente un sustituto de la justicia que tu no tienes. Algunos enseñan que la justificación por la fe significa que se te considera justo sin realmente ser justo. Pero la Biblia enseña que en realidad debes ser justo por los méritos de Jesucristo.

Cada vez más, los profesos maestros del cristianismo creen que existe en nosotros al menos tanto bien como mal, y que lo bueno en las personas finalmente obtendrá la victoria completa sobre el mal. Pero la Biblia enseña que "No hay justo, ni aun uno". Cristo, que "sabía lo que había en el hombre", declaró que "Porque de dentro, del corazón de los hombres, salen los malos pensamientos, los adulterios, las fornicaciones, los homicidios, los hurtos, las avaricias, las maldades, el engaño, la lascivia, la envidia, la maledicencia, la soberbia, la insensatez". Marcos 7:21,22.

El también declaro que "y el hombre malo, del mal tesoro de su corazón saca lo malo", y que lo bueno no puede venir de una mala fuente. Lucas 6:43-45. Por lo tanto, es evidente que de ti no puede venir "nada bueno". "¿Quién hará limpio a lo inmundo? Nadie". Job 14:4. Dios no se propone intentar sacar la bondad del mal, y nunca llamará bueno a lo malo. Lo que Él propone hacer es crear un nuevo corazón en ti, para que el bien pueda salir de él. "Porque somos hechura suya, creados en Cristo Jesús para buenas obras, las cuales Dios preparó de antemano, para que anduviésemos en ellas". Efesios 2:10.

No puedes entender cómo Cristo puede morar en tu corazón, para que la justicia fluya de él, en lugar del pecado, así como no puedes entender cómo Cristo, la Palabra que era antes de todas las cosas y que creó todas las cosas, podría venir a tierra y nacer como hombre. Pero tan cierto como que Él habitó en la carne una vez, Él puede hacerlo de nuevo, y cualquiera que confiese que "Jesucristo ha venido en la carne, es de Dios".

"Si andamos en luz como Él está en la luz,... la sangre de Jesucristo, su Hijo, nos limpia de todo pecado". 1 Juan 1:7. "Caminamos por fe, y no por vista". Por la fe, ustedes reciben a Cristo, y a los que así lo reciben, les da el derecho y el poder para ser llamados hijos de Dios. Juan 1:12. Entonces la exhortación es: "Así como habéis recibido al Señor Jesucristo, andad en él". (Colosenses 2:6). Esto es caminar en la luz.

A medida que tu vida física se sostiene respirando y comiendo, entonces tu vida espiritual se sostiene por la fe. Así como no puedes respirar lo suficiente hoy para mañana, pero debes seguir respirando todo el tiempo, entonces no puede tener fe hoy para el futuro, sino que debes continuar teniendo fe. Entonces puedes vivir una vida espiritual continuamente.

Mientras caminas en la luz por la fe, continuamente estás recibiendo una vida divina en tu alma, porque la luz es vida. Y la vida continuamente recibida, continuamente limpia tu alma del pecado. La limpieza es un trabajo siempre presente, que muestra una necesidad siempre presente. Por lo tanto, es que nunca puedes decir que no tienes pecado. Siempre es solo "Jesucristo el justo".

Es por la obediencia de Uno que muchos son hechos justos. ¡Qué maravilla! Solo uno-Cristo-obedece, pero muchos realmente son hechos justos. El apóstol Pablo dijo: "Con Cristo estoy juntamente crucificado, y ya no vivo yo, mas vive Cristo en mí; y lo que ahora vivo en la carne, lo vivo en la fe del Hijo de Dios, el cual me amó y se entregó a sí mismo por mí". Gálatas 2:20 Entonces, si alguien te pregunta: "¿Estás sin pecado?", Solo puedes responder: "No yo, sino Cristo". "¿Cumples los mandamientos?" "No yo, sino Cristo". Imperfecto y pecaminoso en ti mismo, y sin embargo, "completo en Él".

Con Dios es la "fuente de la vida". Salmos 36:9. Cristo es la manifestación de Dios, y entonces la fuente de la vida está en Él. "Él siempre vive", y así la fuente siempre fluye. Como se dice del río de la vida, "y vivirá todo lo que entrare en este río". (Ezequiel 47: 9), así también de la vida de Cristo, donde sea que venga limpia de toda impureza. Y así, mientras confiesas que eres pecaminoso e indefenso, estás obligado a depositar toda la dependencia en Aquel que "no conoció pecado", y eres "hecho justicia de Dios en Él". 2 Corintios 5:21.

~18~

Justificación por Fe

"Todo lo que no proviene de fe, es pecado". Romanos 14:23. La fe es de Dios y no de nosotros (Efesios 2:8); por lo tanto, lo que no es de Dios es pecado.

Todo lo que es de Dios es justicia: la fe es el don de Dios; y todo lo que es de fe es por lo tanto justicia, tan cierto como que "todo lo que no es de fe, es pecado".

Jesucristo es el Autor y Consumador de la fe (Hebreos 12:2), y la palabra de Dios es el canal a través del cual viene y el medio por el cual opera. Porque "la fe es por el oír y el oír por la palabra de Dios". Romanos 10:17. Donde no hay palabra de Dios no puede haber fe.

La palabra de Dios es la cosa más importante y más poderosa del universo. Es el medio por el cual todas las cosas fueron producidas. Lleva en sí mismo el poder creador. Porque "por la palabra de Jehová fueron hechos los cielos, y todo el ejército de ellos por el aliento de su boca". "Porque él dijo, y fue hecho; Él mandó y existió". Salmos 33:6, 9. Y cuando este mundo se hizo así, y las tinieblas cubrieron las profundidades, "Dios dijo: Hágase la luz: Y hubo luz".

La palabra de Dios es auto cumplida, y en sí misma cumple la voluntad de Dios en ti cuando la recibes, ya que es en verdad la palabra de Dios. "Cuando recibisteis la palabra de Dios que oísteis de nosotros, la recibisteis no como palabra de hombres, sino según es en verdad, la palabra de Dios, la cual actúa en vosotros los creyentes". 1 Tesalonicenses 2:13. Por lo tanto, para recibir la palabra de Dios; para ceder tu corazón para que funcione en tu vida; esta es una creencia genuina, esta es la verdadera fe. Esta es la fe por la cual puedes ser justificado, hecho justo en realidad. Porque por eso la misma voluntad de

Dios, como se expresa en su propia palabra, se logra en tu vida por la palabra creadora de aquel que ha hablado. Este es el trabajo de la fe. Esta es la justicia–el correcto hacer–de Dios que es por fe. Por lo tanto, "es Dios quien obrará en ti, tanto el querer como el hacer por Su buena voluntad". Así, el carácter, la justicia, de Dios se manifiesta en tu vida, liberándote del poder del pecado, para salvar a tu alma en justicia.

Esto es justificación solo por fe. Esto es justificación por fe, sin obras. Y como la fe es el don de Dios, viniendo por la palabra de Dios, y obrando en ti las obras de Dios, no necesita nada de tu trabajo pecaminoso para hacerlo bueno y aceptable para Dios. La fe misma obra en ti lo que es bueno, y es suficiente para llenar toda tu vida con la bondad de Dios, y no necesita tu esfuerzo imperfecto para darle mérito.

Esta fe no depende de ti para "buenas obras"; en su lugar, te da las "buenas obras". La expresión no es "fe y obras", sino "fe que obra", "porque en Cristo Jesús ni la circuncisión vale nada, ni la incircuncisión; sino la fe que obra por amor". Gálatas 5:6. "¿Ves cómo obra la fe?" Santiago 2:22. "Acordándonos sin cesar de la obra de vuestra fe", "y toda obra de fe con su poder". 1 Tesalonicenses 1:3; 2 Tesalonicenses 1:11. Y: "Esta es la obra de Dios, que creáis en el que él ha enviado". Juan 6:29. Esta es "la fe de Dios" que Jesús nos exhorta a tener (Marcos 11:22, margen); que fue revelado en Él; y que por Su gracia es un obsequio para ti y para cualquier otra alma en la tierra.

~19~

El Toque Sanador

Uno de los milagros más sorprendentes de Jesús se cuenta en las siguientes palabras:

"Sucedió que estando él en una de las ciudades, se presentó un hombre lleno de lepra, el cual, viendo a Jesús, se postró con el rostro en tierra y le rogó, diciendo: Señor, si quieres, puedes limpiarme. Entonces, extendiendo él la mano, le tocó, diciendo: Quiero; sé limpio. Y al instante la lepra se fue de él". Lucas 5:12, 13.

La lepra era una de las enfermedades más repugnantes y temidas conocidas por la gente. El leproso era un paria, obligado a mantenerse alejado incluso de su propia familia. La enfermedad era una muerte lenta y progresiva; el cuerpo de la víctima se deformaba cada vez más hasta que la muerte ponía fin a su miseria.

Ninguna otra enfermedad ilustra mejor la impureza del pecado; y este hombre, que estaba lleno de lepra, se parecía mucho a la descripción dada al pueblo por el profeta Isaías: "Toda cabeza está enferma, y todo corazón doliente. Desde la planta del pie hasta la cabeza no hay en él cosa sana, sino herida, hinchazón y podrida llaga; no están curadas, ni vendadas, ni suavizadas con aceite". Así que mientras estudias el milagro de la purificación del leproso, puedes aprender a obedecer la orden: "Sé limpio".

En primer lugar, el leproso tenía confianza en el poder del Señor para sanarlo. Él dijo: "Tú puedes hacerme limpio". Ese es un gran punto. Muy pocos realmente creen que Jesucristo puede limpiarlos del pecado. Admitirán que Él puede salvar del pecado en general, que puede salvar a otros, pero no están convencidos que Él puede salvarlos. Dejemos que aprendan una lección del poder del Señor. Escucha lo que dijo el profeta Jeremías por inspiración del Espíritu Santo: "¡Oh Señor JEHOVÁ! he aquí que tú hiciste el cielo y la tierra con tu gran poder, y con tu brazo extendido, ni hay nada que sea difícil para ti". Jeremías 32:17. El que trajo los cielos y la tierra a la existencia por el poder de Su palabra, puede hacer todas las cosas. "Nuestro Dios está en los cielos; Todo lo que quiso ha hecho". Salmos 115:3. "Como todas las cosas que pertenecen a la vida y a la piedad nos han sido dadas por su divino poder". 2 Pedro 1:3. "Por lo cual puede también salvar perpetuamente a los que por él se acercan a Dios". Hebreos 7:25. Cristo ha recibido "potestad sobre toda carne". Juan 17:2.

¡Tanto por Su poder! De eso, el leproso estaba seguro; pero no estaba seguro de que el Señor estuviera dispuesto a limpiarlo. Él dijo: "Señor, si quieres, puedes limpiarme". No necesitas vacilar así. Tú sabes que Él puede, y Él te ha dado una gran seguridad de Su voluntad. Lees que Cristo "el cual se dio a sí mismo por nuestros pecados para librarnos del presente siglo malo, conforme a la voluntad de nuestro Dios y Padre". Gálatas 1:4. Pues la voluntad de Dios es vuestra santificación. 1 Tesalonicenses 4:3.

Cristo comprende todo. Él es "el poder de Dios y la sabiduría de Dios". 1 Cor. 1:24. Todas las cosas en el cielo y en la tierra están en él. Col. 1:16, 17. Por lo tanto, el apóstol Pablo dice: "El que no escatimó ni a su propio Hijo, sino que lo entregó por todos nosotros, ¿cómo no nos dará también con el todas las cosas?" Romanos 8:32. La voluntad de Dios para limpiarte del pecado, se muestra en el regalo de Su Hijo unigénito para ese propósito.

"Estas cosas os he escrito a vosotros que creéis en el nombre del Hijo de Dios, para que sepáis que tenéis vida eterna, y para que creáis en el nombre del Hijo de Dios. Y esta es la confianza que tenemos en él, que si pedimos alguna cosa conforme a su voluntad, él nos oye. Y si sabemos que él nos oye en cualquiera cosa que pidamos, sabemos que tenemos las peticiones que le hayamos hecho". 1 Juan 5:13-15. "Acerquémonos, pues, confiadamente al trono de la gracia, para alcanzar misericordia y hallar gracia para el oportuno socorro". (Hebreos 4:16), sabiendo que "si confesamos nuestros pecados, Él es fiel y justo para perdonar nuestros pecados y limpiarnos de toda maldad".

Pero la característica más llamativa de este milagro es el hecho de que Jesús tocó al leproso. No había otra persona en toda la tierra, que hubiera llegado a un metro de él. Pero Jesús "extendió su mano y le tocó". Con ese toque, la odiosa enfermedad desapareció. Vale la pena señalar que en muchos casos, Jesús tocó a aquellos a quienes sanó. Cuando la madre de la esposa de Pedro yacía enferma de fiebre, Jesús "le tocó la mano y la fiebre la dejó". Mateo 8:15. Esa misma tarde, "todos los que tenían enfermos de diversas enfermedades los traían a Él; y Él, poniendo las manos sobre cada uno de ellos, los sanaba". Lucas 4:40. En su propio país la gente era tan incrédula que "no pudo hacer allí ningún hecho poderoso sino que sanó a unos pocos enfermos, poniendo sobre ellos las manos". Marcos 6:5.

En Mateo somos asegurados que esta sanación de los enfermos fue "de modo que se cumpliera lo dicho por medio del profeta Isaías, quien dijo: Él mismo tomó nuestras debilidades y cargó con nuestras enfermedades". Mateo 8:17. Tu sabes que la sanación pasó de Él a los sufrientes que se amontonaron a su alrededor para tocarlo (Lucas 6:19); y esta Escritura te asegura que El recibió en Su propia persona sus enfermedades, a cambio de Su poder sanador.

Ahora tienes la bendita seguridad de que aunque ha "pasado a los cielos", no ha perdido su simpatía para contigo, pero sigue "conmovido por el sentimiento de nuestras enfermedades". Se acerca a ti en lástima, porque "Él conoce nuestra condición; se acuerda de que somos polvo". En todo tu pecado y degradación, puedes tener el pensamiento inspirador de que Jesús no te desprecia, y no se avergüenza de tener la compañía más íntima contigo, para que pueda ayudarte.

El profeta, hablando del trato de Dios con el antiguo Israel, dijo: "En toda la angustia de ellos, Él fue angustiado". Isaías 63: 9. Todavía es lo mismo ahora. Como un águila lleva a sus crías en sus alas, así el Señor se pone a sí mismo debajo de ti, cargando con todos tus pecados y tristezas. Él lo toma consigo mismo, y en Él se pierde, por el mismo proceso por el cual al final "Él tragará la muerte en victoria".

Cristo tomó la maldición para que la bendición nos venga encima. Gálatas 3:13, 14. Aunque Él no conoció pecado, fue hecho pecado por ti, para que seas hecho justicia de Dios en Él. 2

Corintios 5:21. Él sufrió la muerte a lo cual estabas condenado, para que pudieras compartir Su vida. Y este intercambio se realiza cuando entras en contacto con Él, al confesar que "Jesucristo ha venido en carne". Cuánto pierdes al retener a Jesús como un extraño, o al considerar la fe en Él como una teoría. Cuando sabes que Él se identifica contigo en tu condición caída, asumiendo por sí mismo, y de ti, tus enfermedades, cuán precioso se vuelve la certeza, "He aquí, yo estoy contigo siempre, hasta el fin del mundo".

~20~

El Poder del Espíritu

Justo antes que Jesús ascendiera a los cielos, Él le dijo a sus discípulos, "pero recibiréis poder, cuando haya venido sobre vosotros el Espíritu Santo, y me seréis testigos en Jerusalén, en toda Judea, en Samaria, y hasta lo último de la tierra". Hechos 1:8. Esta promesa es para ti y para aquellos que escucharon su voz como lo dijo; porque cuando conoces al Señor, debes ser un testigo para Él, y nada se puede hacer sin el poder del Espíritu Santo. Dios te ha prometido el Espíritu si lo deseas y si estás dispuesto a someterte a todo lo que es necesario para recibir el Espíritu.

La lectura marginal del texto citado anteriormente es: "Vosotros recibiréis el poder del Espíritu Santo que vendrá sobre vosotros". La pregunta es: ¿cómo se puede recibir este poder? ¿Qué es por lo que puedes esperar y orar? Una cosa puede ser definitivamente respondida, y es que el Espíritu no vendrá a ti en la forma en que puedes haber escogido. Porque los pensamientos de Dios y el poder de Dios no están detrás del modelo de tu mente.

Cuando la palabra del Señor encontró a Elías en el desierto, mientras huía de Jezabel, le dijo: "Sal fuera, y ponte en el monte delante de Jehová. Y he aquí Jehová que pasaba, y un grande y poderoso viento que rompía los montes, y quebraba las peñas delante de Jehová; pero Jehová no estaba en el viento. Y tras el viento un terremoto; pero Jehová no estaba en el terremoto. Y tras el terremoto un fuego; pero Jehová no estaba en el fuego. Y tras el fuego un silbo apacible y delicado. Y cuando lo oyó Elías, cubrió su rostro con su manto, y salió, y se puso a la puerta de la cueva. Y he aquí vino a él una voz, diciendo: ¿Qué haces aquí, Elías?" 1 Reyes 19:11-13.

Excepto por la declaración directa de lo contrario, dirías que el Señor estaba en el viento y el terremoto. Es natural para ti suponer que nada menos que un huracán podría revelar el poder de Dios; pero de la experiencia de Elías aprendes que Dios muestra su poder de maneras más silenciosas. Era una voz, "una voz quieta, pequeña", que reveló al Señor a Elías. Entonces así será contigo. Dios te dice "Estad quietos, y conoced que yo soy Dios". Salmos 46:10. Es "en quietud y confianza" que tu fuerza reside; al regresar y descansar, encuentras la salvación. Debes estar en silencio ante el Señor, o perderás la voz suave y quieta que por sí sola lo revela al alma. Dios podría tronar con una voz terrible, pero no podrías entender el trueno. Solo te sobresaltaría y te aterrorizaría. Entonces Él se te revela en un susurro que transmite un sonido inteligible para su comprensión. Leemos, "¡Y cuán leve es el susurro que hemos oído de Él! Pero el trueno de su poder, ¿quién lo puede comprender?" Job 26:14.

Jesús estaba en el mar de Galilea con sus discípulos cuando "Y he aquí que se levantó en el mar una tempestad tan grande que las olas cubrían la barca". Los discípulos estaban aterrorizados y apelaron al Maestro. "Y levantándose, reprendió al viento, y dijo al mar: Calla, enmudece. Y cesó el viento, y se hizo grande bonanza". Mateo 8:24; Marcos 4:39. ¿Imaginas que Jesús levantó su voz por encima del rugido de la tempestad para calmarla? No puedes imaginar tal cosa. Solo el hombre débil, consciente de su debilidad, levanta la voz para dar órdenes. La voz alta se utiliza para tratar de ocultar la falta de poder real. El hombre que tiene autoridad, y que sabe que tiene el poder de respaldar sus órdenes, usa una voz tranquila. Jesús siempre habló como Uno que tenía autoridad; entonces al calmar la tempestad encontramos la misma "voz apacible y pequeña" que Elías oyó.

Esta voz suave y quieta es la misma voz con la que se creó el universo. "Por la palabra de Jehová fueron hechos los cielos, Y todo el ejército de ellos por el aliento de su boca". Salmos 33:6. ¿Era necesario que Dios pronunciara su voz en trueno para hacer que los mundos existieran? Ciertamente no; una orden del comandante de un ejército, dada en un susurro, es igual de eficaz para poner a las tropas en movimiento, como una orden gritada con la más alta voz. Entonces con el Rey del universo; la simple respiración del Señor fue suficiente para crear todos los mundos. La voz quieta y pequeña que le habló a Elías, fue la voz que creó. Y es la misma palabra de poder que ahora sostiene todas las cosas (Hebreos 1: 3). La mayoría de las grandes manifestaciones del poder de Dios en la tierra son silenciosas e invisibles. Solo sabes que el poder está ahí por los resultados. Piensa en los miles de millones de toneladas de agua que el sol constantemente levanta desde la tierra hacia las nubes, para enviarlas de nuevo hacia abajo en rocío y lluvia. No se escucha un sonido. Pero no puedes llenar una taza de agua del grifo sin mucho ruido. El poder manifestado en las plantas en crecimiento está más allá de toda concepción humana, sin embargo, no hay sonido. Una planta en crecimiento puede romper una roca en pedazos, pero todo se hace en silencio. Los cielos declaran la gloria de Dios, pero no tocan campanas ni tocan trompetas. El trabajo de Dios es tan poderoso que los resultados hablan por sí mismos; la publicidad lo menospreciaría.

Pero la palabra por la cual se hicieron los cielos, y por la cual se mantienen, y por la cual se llevan a cabo todas las operaciones de la naturaleza, es la palabra del Evangelio que se te predica. Las palabras del Señor son Espíritu y vida. La palabra de Dios es viviente y poderosa (Hebreos 4:12) y funciona eficazmente en todos los que creen en ella. 1 Tesalonicenses 2:13.

El Salvador sopló sobre los discípulos, diciendo: "Recibid el Espíritu Santo". Juan 20:22. Fue el mismo aliento por el cual los mundos se hicieron y por el cual se mantienen. El poder del Espíritu, por lo tanto, es el poder creador, y eso está en la palabra del Señor. Para que sepas que el poder del Espíritu Santo, que Cristo prometió a Sus seguidores, solo se logra a través de Su palabra.

Dios te habla en su palabra. La palabra de Dios es la espada del Espíritu. Efesios 6:17. Es el Espíritu el que reprueba el pecado (Juan 16: 7, 8), y lo hace por la ley; porque "la ley es espiritual" (Romanos 7:14), y "porque por medio de la ley es el conocimiento del pecado". Romanos 3:20.

Lo primero que el Espíritu hace cuando llega es convencerte del pecado. Si aceptas la represión y reconoces tu pecado, entonces el poder del Espíritu se manifiesta en quitar el pecado.

Te convence de la rectitud. Si rechazas la represión, entonces el espíritu es resistido, y su poder no te es dado. Como las represiones que el Espíritu da a través de la palabra son escuchadas, la palabra permanece dentro, y tu vida es moldeada por ella. Entonces eres guiado por el Espíritu. Como resultado de escuchar la represión, el Espíritu se derrama sobre ti (Proverbios 1:23) y, por supuesto, el poder del Espíritu se manifiesta en ti.

Por lo tanto, parecerá que es una total locura y una burla orar por el derramamiento del Espíritu de Dios, mientras que tú estás reteniendo cualquier reprobación, o acariciando cualquier pecado señalado por la palabra de Dios. El oficio del Espíritu es conducir a toda la verdad, y por lo tanto, orar por su derramamiento significa rendirse sin reservas a cada mandamiento de Dios. Si haces esto, Dios te dará su Espíritu sin medida. No se dará simplemente por su placer, pero es dado para que puedas ser un testigo del Señor. El derramamiento del Espíritu da a conocer las palabras de Dios, para que puedas dar a conocer estas palabras de poder al mundo.

Pero todo esto será sin jactancia ni ostentación, aunque será la más poderosa manifestación de poder jamás conocida entre la gente. El Señor dice: "He aquí mi siervo, yo le sostendré; mi escogido, en quien mi alma tiene contentamiento; he puesto sobre él mi Espíritu; él traerá justicia a las naciones. No gritará, ni alzará su voz, ni la hará oír en las calles. No quebrará la caña cascada, ni apagará el pábilo que humeare". Isaías 42:1-3. Esa es la manera en que el Señor obra por el Espíritu. Él traerá juicio a la verdad, trabajando con tal poder que las naciones se sorprenderán, pero con tal gentileza que ni siquiera se romperá la caña que está magullada, y la mecha que está débilmente ardiendo no se extinguirá. No será el poder de la tempestad, sino el poder de la luz solar y el poder de la planta en crecimiento.

Por lo tanto, el poder que el Espíritu da es el poder que funciona a través de toda la creación. Es el poder de la palabra de Dios, y se manifiesta solo en ti cuando te rindes por completo a esa palabra. Dios dice: "Porque como desciende de los cielos la lluvia y la nieve, y no vuelve allá, sino que riega la tierra, y la hace germinar y producir, y da semilla al que siembra, y pan al que come, así será mi palabra que sale de mi boca". Isaías 55:10-11. El Espíritu también se compara con el agua; es "derramado" como la lluvia. Ver Isaías 44: 3. El poder del Espíritu en ti será el mismo poder que se pone en funcionamiento cuando cae la lluvia sobre la tierra. ¿Te rendirás a esa bendita influencia? Como la tierra produce fruto, así también producirás justicia. Isaías 61:11. Por lo tanto, "es hora de buscar a Jehová, hasta que venga y haga llover justicia sobre ti".

~21~

Lo que Incluye el Evangelio

El Evangelio de Dios no es estrecho y cerrado para que pueda ser confinado por credos, como muchas personas parecen pensar. El Evangelio incluye todo lo que pertenece a la vida humana. Por sus provisiones naces de nuevo, creado nuevo en Cristo. En consecuencia, todo en tu vida como cristiano está en contacto con ese poder creador.

Por esta razón, el apóstol Pablo escribió a sus hermanos en la iglesia: "Si, pues, coméis o bebéis, o hacéis otra cosa, hacedlo todo para la gloria de Dios". 1 Corintios 10:31. Y a los hermanos Colosenses les escribió: "Y todo lo que hacéis, sea de palabra o de hecho, hacedlo todo en el nombre del Señor Jesús, dando gracias a Dios Padre por medio de él". "Y todo lo que hagáis, hacedlo de corazón, como para el Señor y no para los hombres". Colosenses 3:17, 23.

El Evangelio, por lo tanto, toca tu comer y beber, y cada actividad y búsqueda de la vida, ya sea de negocios o de placer. Hace que cada acto sea un acto espiritual, hecho con miras a la gloria de Dios.

La vida cristiana es una vida espiritual. Es la vida de Cristo en carne humana: en ti, mientras te pones a Cristo. Esto no restringe tu vida ni te separa de la mayor parte de la vida del mundo que te rodea; porque todas las cosas fueron creadas por Dios, y estaban destinadas a ser usadas para tu beneficio y placer. Solo te separa del pecado.

Te muestra cómo con razón usar todas las cosas que Dios creó. Revela el aspecto espiritual de todas las cosas, para que en todo lo que Dios ha hecho u ordenado puedas encontrarlo a Él, y la vida, fuerza y paz que Él te da. Elimina la distinción que se ha establecido entre la religión y los negocios. Hace del servicio de Dios tu trabajo, mostrándote cómo servir a Dios en todos sus negocios, y cómo encontrar en esto un mayor placer que cualquier cosa que el mundo pueda brindarte.

~22~

El Consolador

Antes de que Jesús regresara al cielo de la tierra, prometió enviar al Consolador, el Espíritu Santo, a permanecer con su pueblo para siempre, como su representante. Dado que fue por la unción del Espíritu que Él realizó todo su trabajo aquí en la tierra (ver Isaías 61:1-3), es evidente que la presencia del Espíritu es la misma que la presencia del Señor. La misma instrucción, consejo y obras de amor que vinieron de Cristo, son continuados por el Espíritu.

Al prometer al Consolador, Jesús dijo: "Y cuando Él venga, convencerá al mundo de pecado, de justicia y de juicio". Juan 16:8. "Porque por medio de la ley es el conocimiento del pecado". Romanos 3:20. Pero "la ley es espiritual". Romanos 7:14. Es la naturaleza del Espíritu, porque la justicia de la ley es el fruto del Espíritu. Por lo tanto, no hay convicción de pecado en ninguna alma en la tierra, eso no es el funcionamiento del Espíritu de Dios.

Pero mientras el Espíritu condena al pecado, siempre es un Consolador. Es como un Consolador cuando condena. Pocas personas se detienen a pensar en eso. Recuerda que en ninguna parte se dice que el Espíritu condena por el pecado. Hay una diferencia entre convicción y condena. La convicción es la revelación del pecado. Pero depende de tu curso una vez que hayas sido convencido del pecado, ya sea que seas o no condenado. Porque "esta es la condenación, que la luz vino al mundo, y los hombres amaron más las tinieblas que la luz, porque sus obras eran malas". Juan 3:19. El mero hecho de señalar que eres un pecador no es una condena; la condenación proviene de aferrarse al pecado después de que te lo hayan hecho saber.

Deja que tu mente capte la idea de que el mismo Espíritu que convence del pecado también convence de la rectitud. Siempre es un Consolador. El Espíritu no deja a un lado una tares mientras realiza otra. No deja de lado la revelación de la justicia cuando convence del pecado, ni deja de ser convincente del pecado cuando revela la rectitud. Hace ambas cosas al mismo tiempo, y ese es el consuelo para todos aquellos que lo tomarán. Convence del pecado porque convence de la rectitud. Pero consideremos este asunto más a fondo, y luego meditemos en ello. El Espíritu Santo es el Espíritu de Dios, el Espíritu del Padre y del Hijo. Por lo tanto, la justicia revelada por el Espíritu Santo es la justicia de Dios. Ahora es solo al mirar a la justicia que podemos conocer el pecado y su pecaminosidad. La ley, por la cual es el conocimiento del pecado, no es pecado, sino que es la expresión de la justicia de Dios. Puedes mirar al pecado, y si nunca has visto nada más, pensarás que está bien. Incluso cuando sabes lo que es correcto, puedes perder el conocimiento de lo correcto al mirar el pecado, tan grande es el engaño del pecado. Entonces el Espíritu debe revelar la justicia de Dios en Su ley, antes de que puedas conocer el pecado como pecado. El apóstol dice: "No conocí el pecado sino por la ley". Romanos 7:7. Entonces, como revelador de la justicia perfecta de Dios, el Espíritu convence del pecado.

Es evidente, por lo tanto, que cuanto más te acerques a Dios, obteniendo así una visión más perfecta de Él, mayor será tu sentido de tus propias imperfecciones. Obtienes este conocimiento del pecado, no estudiándote a ti mismo, sino contemplando a Dios. Como ilustración, mírate en relación con las obras de Dios. ¿Cuándo alguna vez sientes tu insignificancia tanto como cuando estás junto al océano? Su inmensidad te hace sentir tu pequeñez. Es lo mismo cuando te paras en medio de las altas montañas. En tal ocasión no tienes que mirarte a ti mismo para darte cuenta de lo pequeño que eres. Al mirar hacia arriba, al contemplar las poderosas obras de Dios, te das cuenta de que, en comparación, no eres nada. El salmista dice: "Cuando considero tus cielos, la obra de tus dedos, la luna y las estrellas que has ordenado; ¿Qué es el hombre para que tengas de el memoria? ¿Y el hijo del hombre, para que lo visites?" Salmos 8:3, 4.

Si esto es el resultado de estar en contacto y contemplar las obras de Dios, ¿cuál será el resultado al considerar el carácter de Dios mismo? "Porque sol es JEHOVÁ Dios". Salmos 84:11. Él es más grande que todos los cielos. "Tu justicia es como los montes de Dios, Tus juicios, abismo grande". Salmos 36:6. Así como sientes tu propia insignificancia física mientras contemplas las obras visibles de las manos de Dios, al contemplar la justicia de Dios, te vuelves consciente de tu propia falta espiritual. El mensaje de consuelo que Dios envía a su pueblo, especialmente durante los días inmediatamente anteriores a su venida, es este: "¡He ahí a tu Dios!" Ver Isaías 11:1-9. Eso significa que, como preparación necesaria para su venida, quiere que conozcas tu propia falta de justicia al contemplar su justicia.

Hasta ahora has estado aprendiendo que el conocimiento del pecado viene al ver la justicia de Dios. Ahora marca el consuelo que hay en esa misma convicción de pecado. Recuerda que la comprensión de tu falta de rectitud es causada por la revelación de la justicia de Dios. También recuerda que el Espíritu, que convence tanto del pecado como de la justicia, te ha sido dado. Cristo dijo: "Y yo rogaré al Padre, y os dará otro Consolador, para que esté con vosotros para siempre: el Espíritu de verdad, al cual el mundo no puede recibir, porque no le ve, ni le conoce; pero vosotros le conocéis, porque mora con vosotros, y estará en vosotros". Juan 14:16, 17.

¿Qué sigue de esto necesariamente? Solo esto, al aceptar al Espíritu que, por su revelación de la justicia de Dios, condena a tu alma del pecado y le permites que permanezca contigo, entonces obtienes la justicia que trae. Tu sentido de necesidad es en sí mismo la promesa de suministro. Es Dios quien produce tu sentido de falta de justicia, que es convicción de pecado. Pero Él no hace esto para burlarse de ti y hacerte desesperar. Lo hace con el propósito de hacerte saber que Él tiene lo que en abundancia suplirá todo lo que falta. De hecho, es al traer el suministro de justicia, que te reconoces pecaminoso. Por lo tanto, si tomas a Dios exactamente en Su palabra, no necesitas estar bajo condenación por un solo minuto, aunque siempre estás consciente de tus propias imperfecciones. Cada que se señala un defecto nuevo, puedes exclamar: "Oh Señor, te agradezco que tengas esta nueva cosa para darme, y la tomo tan libremente como Tú la das". Esto es el verdadero regocijo en el Señor.

Esta es la verdad que Dios estaba tratando de enseñar al antiguo Israel, cuando habló Su ley desde el Sinaí, y es lo que Él ha estado ansioso de que aprendamos todos estos años. La ley fue ordenada "en las manos de un mediador". Gálatas 3:19. Es decir, en las manos de Cristo, porque Él es el "solo Mediador entre Dios y los hombres". 1 Timoteo 2:5. Él es Mediador porque Él te reconcilia con Dios. Dado que el conflicto consiste en el hecho de que tú no está sujeto a la ley de Dios, la reconciliación consiste en poner esa ley en tu corazón y mente. Entonces Cristo es el Mediador porque Él es el medio a través del cual la justicia de Dios es traída a ti.

Esto fue ilustrado con mayor fuerza en la entrega de la ley desde el Sinaí. En un tiempo anterior la gente había estado pereciendo de sed, y Dios le dijo a Moisés, "Pasa delante del pueblo, y toma contigo de los ancianos de Israel; y toma también en tu mano tu vara con que golpeaste el río, y ve. He aquí que yo estaré delante de ti allí sobre la peña en Horeb; y golpearás la peña, y saldrán de ella aguas, y beberá el pueblo". Éxodo 17:5-6. Esto fue hecho, y la gente bebió y revivió. Pero el agua que bebieron fue dada milagrosamente por Cristo. De hecho, vino directamente de Él. El apóstol Pablo dice que "y todos bebieron la misma bebida espiritual; porque bebían de la roca espiritual que los seguía, y la roca era Cristo". 1 Corintios 10:4. La Roca que la gente vio, y que Moisés golpeó, era un símbolo de Cristo.

Pero Horeb es otro nombre para Sinaí. Así que la ley de Dios se hablaba desde la misma montaña desde la cual Dios había hecho fluir el agua, que incluso entonces estaba apaciguando su sed. Cuando Dios descendió a la montaña, fue la misma personificación de Él y Su ley. Nadie podría tocar la montaña sin morir. Sin embargo, al mismo tiempo, el agua que daba vida fluía de ella. Esta agua, que, como hemos visto, vino de Cristo, es un símbolo del Espíritu que se da a todos los que creen. Ver Juan 4:10, 13, 14; 7: 37-39. A través de ese evento, Dios nos dio una gran lección objetiva. Aunque la ley da el conocimiento del pecado, y el pecado es la muerte, la ley nos llega en manos de un Mediador, que nos ha sido ministrado por el Espíritu; y "la ley del Espíritu de vida en Cristo Jesús" nos libera de la ley de pecado y muerte Es así como el mandamiento de Dios es vida eterna.

¿No hay la esencia misma de la comodidad en esto? En el mismo momento en que el conocimiento del pecado viene a ti, la justicia para cubrir y quitar todos tus pecados es revelada. "más cuando el pecado abundó, sobreabundó la gracia;". Romanos5:20. La ley que condena es espiritual, y el Espíritu es el agua de la vida, que se da gratuitamente a todos los que la toman. ¿Podría algo superar las maravillosas provisiones de la gracia de "el Dios de toda consolación, el Padre de las misericordias"? ¿No beberás y beberás otra vez, y así estarás lleno continuamente?

"Escuché la voz de Jesús decir:
He aquí, doy libremente
El agua viva; sediento
Descansa, bebe y vive.
Vine a Jesús, y bebí
De esa corriente vivificante;
Mi sed fue apagada, mi alma revivió,
Y ahora vivo en Él".

~23~

Perfección, Sin Embargo Crecimiento

"Ustedes están completos en Él", es la palabra para el creyente. En la mente de muchos, la dificultad para comprender la totalidad de la vida de Cristo es el hecho de que la vida cristiana es progresiva. Debes crecer continuamente en gracia y en el conocimiento del Señor; pero para algunos esto parece incompatible con ser completo en Cristo.

Cuando Jesucristo estuvo en la tierra cuando era un niño de doce años, era perfecto. Pero leemos que creció en sabiduría y estatura, y en gracia para con Dios. Lucas 2:52. Completo, pero creciendo en gracia y conocimiento, perfecto todo el tiempo. La planta es perfecta en cada etapa de su crecimiento. Admiramos la belleza de la planta cuando brotan las hojas. Es perfecta cuando las flores florecen, y es perfecta cuando llega la fruta. Sin embargo, sigue creciendo.

No es que crecerás hacia la gracia, sino que crezcas en gracia. No debes obtener más y más en la gracia, pero en gracia debes crecer y aumentar en sabiduría, completa en Él. La misma declaración de este hecho implica que no eres completo en ti mismo. No hay nada bueno en ti, pero Él es tuyo, y de Su plenitud has recibido, y gracia sobre gracia. La gracia grandemente abunda y te llena.

~24~

La Vida de la Palabra

La vida de la palabra es la vida de Dios, porque es el aliento de Dios, y el aliento de Dios es vida. Su vida y poder están así atestiguados: "Porque la palabra de Dios es viva y eficaz, y más cortante que toda espada de dos filos; y penetra hasta partir el alma y el espíritu, las coyunturas y los tuétanos, y discierne los pensamientos y las intenciones del corazón". Hebreos 4:12. El Salvador dijo de las palabras de Dios: "las palabras que yo os he hablado son espíritu y son vida". Juan 6:63. Veamos qué le da vida a la palabra.

Deuteronomio 30 describe las maldiciones por la desobediencia a la ley y las bendiciones por la obediencia. La gente es nuevamente amonestada a guardar la ley, y se les dice lo que el Señor hará por ellos si se arrepienten de su desobediencia. Entonces Moisés continúa: "Porque este mandamiento que yo te ordeno hoy no es demasiado difícil para ti, ni está lejos. No está en el cielo, para que digas: ¿Quién subirá por nosotros al cielo, y nos lo traerá y nos lo hará oír para que lo cumplamos? Ni está al otro lado del mar, para que digas: ¿Quién pasará por nosotros el mar, para que nos lo traiga y nos lo haga oír, a fin de que lo cumplamos? Porque muy cerca de ti está la palabra, en tu boca y en tu corazón, para que la cumplas". Deuteronomio 30:11-14.

Ahora compara cuidadosamente con este pasaje las palabras del apóstol Pablo en Romanos 10:6-10: "Pero la justicia que es por la fe dice así: No digas en tu corazón: ¿Quién subirá al cielo? (esto es, para traer abajo a Cristo desde arriba); o, ¿quién descenderá al abismo? (esto es, para hacer subir a Cristo de entre los muertos). Mas ¿qué dice? Cerca de ti está la palabra, en tu boca y en tu corazón. Esta es la palabra de fe que predicamos: que si confesares con tu boca que Jesús es el Señor, y creyeres en tu corazón que Dios le levantó de los muertos, serás salvo. Porque con el corazón se cree para justicia, pero con la boca se confiesa para salvación".

Si lees esto cuidadosamente, verás que el segundo pasaje es una cita del primero, con adiciones entre paréntesis. Estas adiciones son comentarios hechos por el Espíritu Santo. Te dicen lo que Moisés quiso decir con la palabra "mandamiento". En Romanos, el Espíritu Santo ha aclarado lo que se quería decir en el primer pasaje. Observa que bajar el mandamiento del cielo es lo mismo que traer a Cristo desde arriba, y traer el mandamiento desde lo profundo es lo mismo que traer a Cristo de entre los muertos.

¿Qué se muestra con esto? Nada más ni nada menos que el mandamiento, la ley, la palabra completa del Señor, es idéntica a Cristo. No malinterpretes. No significa que Cristo no es más que las letras, las palabras y las oraciones que leemos en la Biblia. Lejos de esto. El hecho es que si lees la Biblia y no encuentras más que meras palabras, como puedes encontrar en cualquier otro libro, no encontraste la palabra real en absoluto. Lo que se quiere decir es que la palabra real no es letra muerta, sino que es idéntica a Cristo. Si realmente encuentras la palabra, entonces encuentras a Cristo, y si no encuentras a Cristo en la palabra, no has encontrado la palabra de Dios.

El apóstol Pablo dice que "la fe es por el oír y el oír por la palabra de Dios". Romanos 10:17. Pero también dice que Cristo mora en tu corazón por fe. Efesios 3:17. Así que la fe en la palabra viviente de Dios trae a Cristo a tu corazón. Él es la vida de la palabra.

Esto también se muestra en Juan 6 donde encontramos la declaración hecha por Cristo de que las palabras que habló fueron Espíritu y vida. En Juan 6:35 leemos, "Jesús les dijo: Yo soy el pan de vida". Y en Juan 6:51: "Yo soy el pan vivo que descendió del cielo; si alguno comiere de este pan, vivirá para siempre; y el pan que yo daré es mi carne, la cual yo daré por la vida del mundo". Y de nueva cuenta, "El que come mi carne y bebe mi sangre, tiene vida eterna; y yo le resucitaré en el día postrero". Entonces en Juan 6:63 Él añade: "El espíritu es el que da vida; la carne para nada aprovecha; las palabras que yo os he hablado son espíritu y son vida". Aquí encuentras la declaración más clara de que la palabra de Dios -recibida en la fe- transmite a Cristo a tu alma.

La única forma en que puedes comer la carne de Cristo es creer su palabra con todo tu corazón. De esa manera, recibirás a Cristo, y así es que "con el corazón se cree para justicia", porque Cristo es justicia.

Esta es una presentación pobre del tema, pero ¿quién puede hacerle justicia? No puedes hacer más que tomar las simples declaraciones de las Escrituras y meditar en ellas hasta que la fuerza del hecho comience a aparecer en tu mente. El hecho de que Cristo está en la palabra real, que la vida de la palabra es la vida de Cristo, es una de las más estupendas. Es el misterio del Evangelio. Cuando lo recibes como un hecho, y lo apropias, entonces sabrás por ti mismo el significado de las palabras que vivirás por cada palabra que procede de la boca de Dios.

~25~

Las Obras de la Carne

"Y manifiestas son las obras de la carne, que son: adulterio, fornicación, inmundicia, lascivia, idolatría, hechicerías, enemistades, pleitos, celos, iras, contiendas, disensiones, herejías, envidias, homicidios, borracheras, orgías, y cosas semejantes a estas". Gálatas 5:19-21.

La carne no puede hacer nada bueno. Sus obras son solo pecado. Incluso cuando intenta hacer algo bueno, como suele suceder, el resultado es el mismo. La carne está unida al pecado, y no hay forma de que los dos puedan separarse. Cuando el uno se manifiesta, el otro se manifiesta también. En vida o muerte, los dos deben ir juntos.

La carne funciona cuando la fe está ausente. "Todo lo que no proviene de fe, es pecado". Romanos 14:23. Cuando la fe está presente, Dios trabaja; cuando la fe está ausente, la carne funciona. La carne no puede hacer las obras que Dios hace. El Salvador declaró esto cuando los judíos le preguntaron qué debían hacer para trabajar las obras de Dios. "Esta es la obra de Dios, que creáis en el que él ha enviado". Juan 6:29. Por la fe, recibimos a Cristo, y luego las obras que se hacen son hechas por El. En consecuencia, son las obras de Dios.

El gran error que cometes es pensar que tu carne puede hacer las obras de Dios. Tu mente natural es tan ignorante de lo que esas obras son, tus caminos y pensamientos están tan por debajo de los caminos y pensamientos de Dios, que tú naturalmente no tienes idea de lo que es la justicia. En consecuencia, sigues, como los judíos de antaño, estableciendo tu propia justicia; y al hacerlo, te pierdes la justicia de Dios. Puedes obtener algo que te parece rectitud, pero si dependes de eso, en el día del Juicio te encontrarás terriblemente equivocado.

La Carne en Esclavitud

Cuando tu carne trata de hacer las obras de Dios, solo se manifiesta la esclavitud. Tu carne está en esclavitud a la ley de Dios, porque "no está sujeta a la ley de Dios, ni tampoco puede estar". No puede haber armonía entre ellas. El Espíritu es contra la carne y la carne es contra el Espíritu (Gálatas 5:17), de modo que "no puedes hacer lo que quisieras". Y esto es lo que revela la esclavitud de tu carne: la incapacidad de hacer las cosas que tratas de hacer, y que Dios ha ordenado que se hagan. Tu carne desea los mandamientos de Dios y es completamente incapaz de entrar en armonía con ellos.

Cuando tu carne deja de intentar hacer las obras de la ley, obtienes una sensación de libertad, no porque la esclavitud se haya ido, sino porque ya no la sientes. Cuando luchabas por caminar en libertad, tenías un agudo sentido de las cadenas que te ataban; pero cuando renunciaste a tus esfuerzos y te sentaste pasivamente, el poder de las cadenas no se sintió. Y si estás ciego a las cosas espirituales, fácilmente podrías imaginar que ya no estás en esclavitud.

Tu carne está encadenada al pecado; y cada vez que trata de ir en una dirección contraria al pecado, las cadenas lo detienen, y te das cuenta de un sentido de esclavitud. Pero si dejas de intentar ir en contra del pecado, ya no sientes el tirón de las cadenas. Entonces, en tu ceguera, puedes imaginarte en libertad y regocijarte porque piensas que has salido de la esclavitud hacia la libertad. Pero no tienes verdadera libertad. Solo tienes la libertad que da Satanás. Porque Satanás sostiene tus cadenas y te conduce cautivo a su voluntad. Mientras te muevas donde Satanás quiere que vayas, no sientes la fuerza restrictiva de sus ataduras. El diablo te dará suficiente cuerda para que no seas desagradablemente consciente de tu cautiverio. Pero en el momento en que tratas de dejar el camino del pecado y caminar en los caminos de Dios, te encuentras en esclavitud e intentas tan fuerte como puedes, y no puedes liberarte. Te encuentras unido al pecado, de modo que solo puedes ir donde también va el pecado.

Por medio de la ley es el conocimiento del pecado. Sin la ley, el pecado está muerto. Romanos 3:20; 7:8. Ahora eres consciente de tu incapacidad para trabajar las obras de Dios. Pero venido el mandamiento, el pecado revivió. Romanos 7: 9. La esclavitud del pecado se hace sentir. Para la carne, "la ley produce ira". "Da esclavitud". Gálatas 4:24. Produce la esclavitud, para que la sientas y te des cuenta. "Porque la mujer casada está sujeta por la ley al marido mientras éste vive... De modo que si, mientras su marido vive, se casa con otro hombre, será llamada adúltera". Romanos 7:2, 3. Cuando estás en la carne, si tomas el nombre de Cristo, te vuelves culpable de adulterio, lo cual es lo primero que se menciona sobre las obras de la carne. Dado que la carne es el "viejo hombre", el primer esposo de la "mujer", entonces este marido debe estar muerto antes de poder unirse legalmente a otro. Por lo tanto, cuando tu carne trata de obrar las obras de Dios, se convierte solo en un esfuerzo para cometer adulterio. Cualquier cosa que tu carne haga o intente hacer, es, por supuesto, una obra de la carne; y si haces las obras de la carne, no "heredarás el reino de Dios". Gálatas 5:21.

Algunas Ilustraciones

Abraham intentó alguna vez trabajar las obras de Dios a través de la carne. Dios le había prometido que sería el padre de muchas naciones, y por supuesto Abraham estaba ansioso de que la promesa se cumpliera. Pero como Sara, su esposa, era estéril, no tenía hijo. Entonces Abraham y Sara se pusieron a trabajar en el cumplimiento de la promesa. El resultado fue Ismael, el niño "nacido después de la carne", el "hijo de la esclava". Gálatas 4:29, 30. En esto Abraham y Sara mostraron falta de fe, porque la fe habría creído que Dios podía hacer lo que había prometido, incluso en condiciones que parecían imposibles. Y como la fe estaba ausente, lo que hicieron fue una obra de la carne, y el resultado fue un hijo nacido según la carne. La carne, tratando de cumplir el trabajo de Dios, simplemente trajo la esclavitud.

Jacob y Rebeca intentaron apoyar con la promesa de Dios, cuando engañaron a Isaac y lo indujeron a otorgar la bendición destinada al primogénito, en Jacob. El resultado fue una separación de por vida, con mucho sufrimiento y profundo arrepentimiento por parte de Jacob, antes de que fuera restaurado a la tranquilidad de sus primeros años.

Moisés trató de resolver la promesa de la liberación de los cautivos israelitas por su propia fuerza, cuando "mató al egipcio, y lo escondió en la arena;" pero ese no era el camino de Dios, y se vio obligado a huir al desierto para salvar su propia vida. El cumplimiento de la promesa se retrasó cuarenta años.

Este es el resultado de cada intento de la carne al querer resolver los propósitos de Dios. Se queda muy por debajo de lo que Dios quiere y requiere, ya que la mente humana queda corta a la mente de Dios. La promesa nunca se cumple, el trabajo nunca se realiza, hasta que llega por medio de la fe.

Liberación a Través de la Muerte

Dios te ha dado "promesas muy grandes y preciosas", pero nunca puedes conocer su cumplimiento a través de las obras de tu carne. "A Abraham y a su simiente fueron las promesas hechas", y solo cuando tienes fe eres la simiente de Abraham. En la carne, estás ligado al "viejo hombre", la naturaleza carnal, que no está, y no puede estar, sujeto a la ley de Dios; y por lo tanto no puedes ser de Cristo. Pero puedes convertirte en Cristo al ser crucificado con él. Puedes encontrarte con Él y unirte a Él en la cruz. Gálatas 2:20. En la cruz tu "viejo hombre", tu primer esposo, es crucificado y muerto, y entonces puedes "casarte con otro, incluso con Él, que es resucitado de entre los muertos, para que llevemos fruto a Dios". Romanos 7:4. Tu carne no puede separarse del pecado; y por lo tanto, para que el pecado pueda cesar, debe morir. Entonces eres liberado de la "ley del pecado y la muerte", la ley que te obliga a pecar mientras estás en la carne. "Porque mientras estábamos en la carne, las pasiones pecaminosas, que eran por la ley obraban en nuestros miembros llevando fruto para muerte. Pero ahora estamos libres de la ley, por haber muerto para aquella [la ley del pecado] en que estábamos sujetos [porque la carne está muerta]; de modo que sirvamos bajo el régimen nuevo del Espíritu, y no bajo el régimen viejo de la letra". Romanos 7:5, 6.

Este es el cambio maravilloso que trabajó en ti en la cruz. La ley no muere, pero tu carne muere, la ley del pecado y la muerte es abolida. La enemistad entre tú y la ley muere; la esclavitud cesa, y te unes a Cristo en la fe, y la ley se convierte para ti en "la ley del Espíritu de vida en Cristo Jesús". Entonces cesan las obras de tu carne, y trabajas las obras de fe, que traen consigo los frutos del Espíritu, y tú eres un heredero con Abraham de las promesas hechas a él y a su simiente.

~26~

¿Por qué Dudaste?

La Biblia presenta a Jesús como "quien sustenta todas las cosas por la palabra de su poder". Hebreos 1:3. Esa palabra no solo tiene poder para sostener, sino que "tiene poder para sobreedificaros y daros herencia con todos los santificados". Hechos 20:32.

Un ejemplo del poder de defensa de la palabra de Cristo se da en Mateo 14:25-32. Los discípulos estaban en el mar embravecido, cuando quedaron asombrados por la aparición de Jesús caminando sobre el agua. Cuando Jesús les aseguró: "Tened ánimo; yo soy, no temáis", dijo Pedro, "Señor, si eres tú, manda que yo vaya a ti sobre las aguas. Y le dijo: Ven".

Pedro respondió de inmediato a la palabra "Ven" y "caminó sobre el agua para ir a Jesús". Algunos podrían suponer apresuradamente que era el agua lo que mantenía a Pedro levantado; pero un pequeño reflejo mostrará que no fue así. Es contrario a la naturaleza que el agua mantenga a un hombre levantado; y leemos que cuando Pedro "vio el viento bullicioso, tuvo miedo; y comenzando a hundirse, él clamó, diciendo: Señor, sálvame". Jesús lo atrapó, diciendo: "¡Hombre de poca fe! ¿Por qué dudaste?"

Si hubiera sido el agua lo que lo sostenía, no habría empezado a hundirse; porque el agua era exactamente la misma donde se hundió, ya que era donde él caminaba. Entonces cuando recordamos las palabras de Jesús, "¿Por qué dudaste?". Sabemos que cuando Pedro caminó sobre el agua, fue la palabra de Jesús lo que lo sostuvo. Fue la palabra "Ven" lo que lo trajo, y fue solo cuando desconfió de esa palabra que comenzó a descender.

La misma palabra que mantuvo a Pedro sobre el agua, puede sostener a un hombre en el aire. Elías y Eliseo en algún momento caminaron juntos cuando Elías comenzó a elevarse en el aire. ¿Por qué fue? Porque el Señor le había dicho a Elías: "Ven;" y como el profeta siempre había obedecido la palabra del Señor, también obedeció esa palabra. Leemos que "por la fe Enoc fue traspuesto". Hebreos 11:5. Pero "la fe es por el oír y el oír por la palabra de Dios". Romanos 10:17. Así que fue la palabra del Señor que tomó a Enoc y a Elías en el aire para encontrarse con el Señor. Pero solo fueron precursores de aquellos que, estando vivos cuando el Señor descienda del cielo con voz de mando, con la voz del arcángel, y con trompeta de Dios, y los muertos en Cristo resucitarán, serán "arrebatados junto con en las nubes, para encontrarse con el Señor en el aire". 1 Tesalonicenses 4:16, 17.

¿Qué es lo que sostendrá a los favorecidos y los mantendrá en el aire? La misma palabra que sostuvo a Pedro en el agua. El Señor dirá: "Venid, benditos de mi Padre". Mateo 25:34. Aquellos que han estado acostumbrados a obedecer la palabra del Señor, responderán de inmediato, y serán tomados; mientras que aquellos que no han obedecido cada palabra del Señor, no obedecerán a esa, y serán dejados.

Si has olvidado tomar la palabra del Señor como algo que se te aplica personalmente, no aceptarás esa palabra, "Ven", como que aplica a ti. Solo si reconoces que cada vez que el Señor habla, te habla, podrás llevar esa palabra a ti mismo. Los que esperan serán aquellos que han vivido en la palabra del Señor, de modo que con la palabra "Vengan", irán a encontrarse con el Señor, como lo más natural del mundo. Feliz eres tú cuando conoces el poder sustentador de la palabra, y lo tomas para ti mismo.

~27~

La Fe Viviente

El término "fe viviente" es estrictamente exacto; porque la fe realmente es algo viviente. El justo vive por fe, y no puedes vivir por algo que no tiene vida en él. Como puedes vivir solo por aquello que te da vida, y cuando vives por fe, es claro que la fe es algo viviente.

La fe es el don de Dios (Efesios 2:8) y Él es un Dios viviente; Jesús es su Autor (Hebreos 12:2), y en Él está la vida, Él es la vida. En la naturaleza de las cosas, lo que proviene de tal fuente debe estar por sí mismo imbuido de vida.

Y como la fe proviene totalmente de Aquel que es el único Dios viviente, de Aquel que solo tiene vida, y no de nosotros (Efesios 2:8), ciertamente está imbuido de vida, y así te trae vida por la cual de hecho puedes vivir.

La fe viene del oír la palabra de Dios (Romanos 10:17); esa palabra es "la palabra fiel" (Tito 1:9), es decir, la palabra llena de fe; y esa palabra es "la palabra de vida". Filipenses 2:16. Por lo tanto, como la palabra de Dios trae fe, y está llena de fe; y como esa palabra es la palabra de vida, es evidente que la fe es vida. Es algo viviente y le trae vida de Dios mientras la ejerce.

¿Qué vida te trae la fe? Viniendo como lo hace Dios, a través de Jesucristo, que es el "Autor de la vida", la única vida con la que está impregnada y que posiblemente podría traerte, es la vida de Dios. La vida de Dios es lo que necesitas y lo que debes tener. Y es la vida que Dios quiere que tengas; porque está escrito: "no andéis como los otros gentiles, que andan en la vanidad de su mente, teniendo el entendimiento entenebrecido, ajenos de la vida de Dios". Efesios 4:17, 18.

Jesús vino para que tengas vida, y para que la tengas en abundancia. Juan 10:10. "Y este es el testimonio: que Dios nos ha dado vida eterna; y esta vida está en su Hijo. El que tiene al Hijo, tiene la vida; el que no tiene al Hijo de Dios no tiene la vida". 1 Juan 5:11, 12. Cristo es recibido por fe, y Él mora en tu corazón por fe. Efesios 3:17. Por lo tanto, como solo la vida de Dios está en Jesucristo, y como Cristo mora en tu corazón por la fe, es tan claro como puede ser que la fe te traiga la vida de Dios cuando ejerzas la fe.

Es la vida de Jesús mismo la que debe revelarse en tu cuerpo: "Porque nosotros que vivimos, siempre estamos entregados a la muerte por causa de Jesús, para que también la vida de Jesús se manifieste en nuestra carne mortal". 2 Corintios 4:11. Y la vida de Jesús se revela en ti, por Cristo mismo que vive en ti; porque "Cristo en mí; y lo que ahora vivo en la carne, lo vivo en la fe del Hijo de Dios". Gálatas 2:20. Esta es la fe viva.

Él dice: "Habitaré en ellos y andaré en ellos;" "No te dejaré sin aliento; iré a ti"; y "porque yo vivo, vosotros también viviréis". Juan 14:18, 19. Es por el Espíritu Santo que Él mora en ti; porque Él desea que tú seas "fortalecido con poder por su Espíritu en el hombre interior, para que Cristo more en sus corazones". Efesios 3:16, 17. Y "en ese día" -el día en que recibas el don del Espíritu Santo- "sabréis que yo estoy en mi Padre, y vosotros en Mí, y yo en vosotros". Juan 14:20. "Y en esto sabemos que él permanece en nosotros, por el Espíritu que nos ha dado". 1 Juan 3:24. Y nosotros "recibimos la promesa del Espíritu por medio de la fe". Gálatas 3:14.

"Cristo nos redimió de la maldición de la ley, para que la bendición de Abraham venga a los gentiles por medio de Jesucristo; para que podamos recibir la promesa del Espíritu por medio de la fe". Debes tener la bendición de Abraham para recibir la promesa del Espíritu. La bendición de Abraham es justicia por fe. Ver Romanos 4:1-13. Al tener esto, Abraham "recibió la señal de la circuncisión, un sello de la justicia de la fe que tenía". Y tú, teniendo esto, puedes recibir libremente la promesa del Espíritu circuncidando el corazón a la santidad y el sello de la justicia de la fe que tienes. Al tener la bendición de Abraham y ser hijos de Dios, Dios envía el Espíritu de su Hijo a nuestros corazones. Gálatas 3:26; 4:4-6. Teniendo la bendición de Abraham, para que puedas recibir la promesa del Espíritu a través de la fe, luego pide que puedas recibir, sí, pregunta y recibirás. Porque la palabra de Dios ha prometido, y la fe viene al escuchar la palabra de Dios. Por lo tanto, pide con fe, sin titubeos, "Pedid, y se os dará; buscad, y hallaréis; llamad, y se os abrirá".

Tal es la fe viva – la fe que proviene del Dios viviente; la fe de la cual Cristo es el Autor; la fe que viene por la palabra de Dios; la fe que trae vida y poder de Dios, y que obra las obras de Dios en ti mientras la ejerces. La fe que recibe el Espíritu Santo que trae la presencia viva de Jesucristo para habitar en tu corazón y manifestarse ahora en tu carne mortal. Esto y solo esto es fe viviente. Por esto vives. Esta es la vida misma. Esto es todo. Sin esto, todo es simplemente nada o algo peor; porque todo lo que no es de fe es pecado.

Con una fe como esta, es decir, con verdadera fe, nunca puede surgir ninguna pregunta sobre las obras; porque esta fe misma funciona. Es imposible tener esta fe y no tener obras. "porque en Cristo Jesús ni la circuncisión vale algo, ni la incircuncisión, sino la fe que obra por el amor". Gálatas 5:6. Como esta fe es algo vivo, no puede existir sin trabajar. Y viniendo de Dios, las únicas obras que posiblemente pueden funcionar son las obras de Dios.

Por lo tanto, cualquier cosa que profese ser fe que por sí misma no funciona para la salvación del individuo que la tiene, y que no obra las obras de Dios en ti cuando la profesas, no es fe en absoluto. Es un fraude que te estás transmitiendo a ti mismo, lo que no trae gracia a tu corazón ni poder a tu vida. Estás muerto, y todavía estás muerto en delitos y pecados, y todo tu servicio es solo una forma sin poder, y por lo tanto, es solo un formalismo muerto.

Pero, por otro lado, la fe que es de Dios, que viene por la palabra de Dios y trae a Cristo, la palabra viva, para habitar en tu corazón y brillar en tu vida; esta es la fe verdadera que solo a través de Jesucristo vive y trabaja en ti mientras la ejercitas.

Cristo mismo viviendo en ti; Cristo en ti la esperanza de gloria; Dios contigo; Dios se reveló en tu carne ahora, hoy, por la fe de Jesucristo, esto y solo esto es fe viviente. Porque "Todo espíritu que confiesa que Jesucristo ha venido en carne, es de Dios; y todo espíritu que no confiesa que Jesucristo ha venido en carne, no es de Dios; y este es el espíritu del anticristo, el cual vosotros habéis oído que viene, y que ahora ya está en el mundo. Hijitos, vosotros sois de Dios, y los habéis vencido; porque mayor es el que está en vosotros, que el que está en el mundo". 1 Juan 4:2-4.

Por lo tanto, "Examinaos a vosotros mismos si estáis en la fe; probaos a vosotros mismos". Jesús les dijo a ellos y a ustedes: "Tengan la fe de Dios". Marcos 11:22, margen.

~28~

Juzgando a Otras Personas

La persona justa es la que tiene la palabra de Dios morando en su corazón. Y este hecho no es evidente a través de las circunstancias externas. Si pudiéramos mirar el corazón como lo hace Dios, y ver con su claridad de visión, podríamos discernir allí la presencia o la ausencia de fe, y por eso y solo por eso, nosotros sabríamos a cuál de los dos grandes grupos pertenece cualquier individuo en particular.

La fe trae justicia. Su ausencia, y solo eso, es la causa de la maldad. Porque todas las personas son perversas por naturaleza, tienen corazones carnales que "no están sujetos a la ley de Dios, ni pueden estarlo". Y la misma naturaleza humana que se manifiesta en asesinatos, embriaguez y las formas más bajas de vicio y crimen, es la naturaleza común de todas las personas. Solo el accidente de las circunstancias impide que se manifieste en todas las personas por igual. El miembro más respetable de la sociedad, que todavía no conoce a Dios, no tiene nada de qué jactarse sobre la persona a quien la sociedad considera marginada, porque la diferencia entre ellos no es una diferencia de naturaleza, sino simplemente de fortuna, por lo cual no puede tomar crédito para si mismo.

Cuando Adán pecó, adquirió una naturaleza carnal y caída, y esa era la única naturaleza que podía transmitir a sus hijos. Entonces, todos sus descendientes adquirieron su naturaleza, porque fue transmitida por cada padre a su vez. Y así todas las personas han recibido la naturaleza caída que Adán tuvo, y solo las variaciones en el proceso de transmisión, y en las circunstancias en las que han sido rodeadas, han producido, fuera de la gracia de Dios, las diferencias en sus registros de vida. Pero con aquellos que han recibido la gracia de Dios, su naturaleza carnal ha sido invalidada. Y el éxito de sus vidas se debe a esto, y no a ninguna variación de la fortuna. Incluso el apóstol Pablo testificó de sí mismo: "Por la gracia de Dios soy lo que soy", y dijo: "Pero lejos esté de mí gloriarme, sino en la cruz de nuestro Señor Jesucristo". 1 Corintios 15:10; Gálatas 6:14.

Por lo tanto, es cierto que aquellos que están más alejados de Dios son los que menos sienten la necesidad de la gracia divina y de ser salvos de su naturaleza pecaminosa. Esto está ilustrado por la parábola del fariseo y el publicano, quienes fueron al templo a orar. El fariseo pensó que tenía una naturaleza mejor que otras personas, así que le agradeció al Señor que no era como eran ellas; pero el publicano, sintiendo su necesidad, exclamó: "Dios, sé propicio a mí, pecador", y regreso a su casa justificado.

Los más perversos son aquellos que se sienten satisfechos consigo mismos; y esos no son los que manifiestan las mayores debilidades y son los culpables de la mayoría de los crímenes, más bien son aquellos que son capaces de hacer que sus vidas se ajusten al estándar de moralidad y respetabilidad del mundo.

Tú puedes saber cómo te presentas ante Dios, ya que es una simple cuestión de saber si cree o no en su palabra. Esa palabra te dice que tengas toda la confianza en Dios y ninguna en ti, ni en la carne. Si dices amén a esto, Dios mediante su poder creativo te hace justo, y estás justificado ante Su vista.

No puedes conocer la posición de los demás, porque no puedes mirar dentro de sus corazones, como Dios lo hace. Solo puedes mirar la apariencia externa, que no es un índice de la naturaleza de la vida interna. Por lo tanto, la advertencia nos es dada: "no juzguéis nada antes de tiempo, hasta que venga el Señor, el cual aclarará también lo oculto de las tinieblas, y manifestará las intenciones de los corazones". 1 Corintios 4:5.

En Malaquías leemos sobre el tiempo en que el Señor hará sus joyas, y "las perdonará, como el hombre que perdona a su hijo que le sirve". Esto indica un tiempo en que aquellos que no le sirven no serán perdonados. "Entonces", dice Él, "volveréis, y discerniréis la diferencia entre el justo y el malo, entre el que sirve a Dios y el que no le sirve". Mal. 3:17, 18. Ese será el tiempo cuando el juicio sea dado a los santos del Altísimo, y los santos poseen el reino (Daniel 7:22) en la primera resurrección. Vea Apocalipsis 20:4-6.

No es asunto tuyo ahora conocer los pensamientos y motivos ocultos de los corazones de otras personas. Tal conocimiento te haría mucho más daño que bien. Todo lo que te concierne aquí es creer en la palabra de Dios y sembrar la semilla de su verdad junto a todas las aguas, sin pasar por alto ningún lugar porque pareciera ser desfavorable, pero teniendo esperanza para todos, a través de la misericordia y gracia tan abundantemente dada a todos en el Evangelio.

~29~

Justicia y Vida

Aunque el Evangelio es un gran misterio, es sin embargo extremadamente simple. Algunos principios fáciles de comprender cubren cada fase. Solo se deben entender dos cosas, a saber, tu necesidad y la capacidad y disposición de Dios para satisfacer tu necesidad.

En primer lugar, descubres que eres un pecador. "Como está escrito: No hay justo, ni aun uno; no hay quien entienda, no hay quien busque a Dios. Todos se desviaron, a una se hicieron inútiles; no hay quien haga lo bueno, no hay ni siquiera uno". Romanos 3:10-12. "Por cuanto todos pecaron, y están destituidos de la gloria de Dios". Versículo 23.

El pecado es parte de tu mismo ser; de hecho, se puede decir que eres tú. Cristo, que sabía lo que había en ti, dijo: "Porque de dentro, del corazón de los hombres, salen los malos pensamientos, los adulterios, las fornicaciones, los homicidios, los hurtos, las avaricias, las maldades, el engaño, la lascivia, la envidia, la maledicencia, la soberbia, la insensatez. Todas estas maldades de dentro salen, y contaminan al hombre". Marcos 7:21-23. Estas cosas malas vienen del corazón, no de unas pocas personas, o de una cierta clase de personas, sino de todas las personas. Se nos dice que "fuera del corazón están los asuntos de la vida". Proverbios 4:23. Entonces sabes que estas cosas malvadas son tu vida. Eso significa que tu vida por naturaleza es pecado.

Pero el pecado significa la muerte. "Porque el ocuparse de la carne es muerte". Romanos 8:6. "Por tanto, como el pecado entró en el mundo por un hombre, y por el pecado la muerte, así la muerte pasó a todos los hombres, por cuanto todos pecaron". Romanos 5:12. Entonces ves que el pecado lleva la muerte consigo. La muerte brota del pecado, porque "el aguijón de la muerte es el pecado". 1 Corintios 15:56. "Y el pecado, siendo consumado, da a luz la muerte". Santiago 1:15. De estos textos aprendemos que la muerte está envuelta en el pecado. Por la misericordia de Dios, el pecado no te hace morir inmediatamente, porque el Señor es paciente, "no queriendo que ninguno perezca, sino que todos procedan al arrepentimiento". 2 Pedro 3: 9. Entonces Él te da la oportunidad de arrepentirte. Si te arrepientes, tu pecado será quitado y, por supuesto, serás liberado de la muerte. Pero si te niegas a arrepentirte y muestras que amas el pecado, funciona la muerte que hay en El. Se pueden citar muchos otros textos para mostrar que el pecado significa la muerte, pero estos son suficientes por el momento. Puede leer estos textos si lo desea: Juan 3:36; Deuteronomio 30:15-20, junto con Deuteronomio 11:26-28; Romanos 5:20, 21; 7:24.

El pecado y la muerte son inseparables. Cuando encuentras uno, el otro también está allí. Salvarte del pecado es salvarte de la muerte. La salvación no significa simplemente liberarte de las consecuencias del pecado, sino salvarte del pecado mismo. El plan de salvación no es, como algunas personas piensan, un esquema por el cual eres libre de pecar todo lo que desees, creyendo que una profesión de fe te salvará de las consecuencias de tu mal proceder. Por el contrario, es un plan para liberarte por completo del pecado, por lo que no te hará morir. Así como no puedes morir sin tener pecado, tampoco puedes tener vida sin tener justicia.

Pero, ¿dónde puedes obtener justicia? No puedes obtenerla de ti mismo, ya que no tienes nada más que el pecado en ti mismo. "Porque sé que en mí (es decir, en mi carne) esto es, en mi carne, no mora el bien; porque el querer el bien está en mí, pero no el hacerlo". Romanos 7:18. "Por cuanto los designios de la carne son enemistad contra Dios; porque no se sujetan a la ley de Dios, ni tampoco pueden; y los que viven según la carne no pueden agradar a Dios". Romanos 8:7, 8. Como toda tu vida es pecado, como ya has visto, está claro que la única forma de que obtengas bondad es conseguir otra vida. Eso es lo que ofrece el Evangelio.

Eres malvado pero Dios es bueno. Él no solo es bueno, sino que Él es el único que es bueno. Escucha las palabras del Salvador, al joven que vino corriendo a preguntarle: "Maestro bueno, ¿qué haré para tener la vida eterna? Y Jesús le dijo: ¿Por qué me llamas bueno? No hay ninguno bueno sino solo Uno, Dios". Marcos 10:17, 18. Esto es absoluto. No excluye a Cristo, porque Cristo es Dios. Juan 1: 1. "Dios estaba en Cristo". La vida del Padre y del Hijo es la misma. Juan 6:57. No hay bondad aparte de Dios. La bondad no es un sentimiento, pero es algo real. No puede haber bondad aparte de las acciones. No flota en el aire como el aroma de las flores. Como no puede haber dulzura aparte de algo que es dulce, y no puede haber salinidad aparte de la sal, entonces no existe la bondad aparte de las buenas obras. Todos los caminos de Dios son buenos y correctos. Sus caminos se describen brevemente pero exhaustivamente en su ley. "Sus caminos notificó a Moisés, Y a los hijos de Israel sus obras". Salmos 103:7. "Bienaventurados los perfectos de camino, los que andan en la ley de Jehová". Salmos 119:1.

La ley de Dios describe Sus caminos y todos Sus caminos son correctos. Su ley se llama Su justicia. Entonces leemos en Isaías 51:6, 7. "Alzad a los cielos vuestros ojos, y mirad abajo a la tierra; porque los cielos serán deshechos como humo, y la tierra se envejecerá como ropa de vestir, y de la misma manera perecerán sus moradores; pero mi salvación será para siempre, mi justicia no perecerá. Oídme, los que conocéis justicia, pueblo en cuyo corazón está mi ley. No temáis afrenta de hombre, ni desmayéis por sus ultrajes". La ley de Dios es Su justicia, y Su justicia consiste en hechos activos; por lo tanto, la ley de Dios es la vida de Dios. Su vida es el estandarte de la justicia. Lo que sea como Su vida es correcto, y todo lo que difiere de Su vida está mal.

No estás en ignorancia de lo que es la vida de Dios, porque la vivió en la tierra en la persona de Jesucristo. La ley de Dios estaba en Su corazón (Salmos 40:8), y del corazón están los asuntos de la vida; por lo tanto, la ley de Dios era Su vida.

El Espíritu del Señor estaba sobre Él (Lucas 4:18), y "donde está el Espíritu del Señor, allí hay libertad". 2 Corintios 3:17. Por lo tanto, la vida de Dios en Cristo es "la ley perfecta de la libertad", y si continúas haciéndolo, serás bendecido. Santiago 1:25.

Ninguna otra vida en este mundo ha sido libre del pecado. La gente ha agotado y desgastado su propia vida tratando de vivir vidas justas, e invariablemente han fallado. Todos sabemos que somos pecadores. No hay nadie que no reconozca que podrían haberlo hecho mejor en algunas cosas de lo que lo han hecho; y no hay ninguno que no haya dicho en algún momento de su vida o pensado que lo iban a hacer mejor. Esto muestra que saben que han pecado. Todas las conciencias de las personas los acusan, incluso si no han sido instruidos en la ley de Dios. Ver Romanos2:14,15.

Como tu vida es pecado en sí misma, y tienes una sola vida, y la justicia no puede ser manufacturada por el pecado, es obvio que la única forma en que puedes obtener justicia es obtener otra vida. Y dado que la única vida justa es la vida de Dios en Cristo, es claro que debes obtener la vida de Cristo. Esto es nada más y nada menos que vivir la vida cristiana. La vida cristiana es la vida de Cristo.

Pero no pienses que puedes vivir esta vida tú mismo. Es evidente que no puedes vivir otra vida con tu vida anterior que siempre has vivido. Para vivir otra vida, debes tener otra vida. Y no puedes vivir la vida de otro. No puedes vivir la vida incluso de tu amigo más cercano. En primer lugar, no puedes imitar con éxito lo que hace tu amigo, y en segundo lugar, no puedes conocer la vida interior de tu amigo. ¡Cuánto menos, entonces, puedes vivir la vida infinita de Cristo! Puedes intentar hacerte pasar por otra persona, pero invariablemente serás detectado como un fraude. Así será si tratas de vivir la vida de Cristo. Miles de personas están tratando de vivir la vida cristiana, pero la causa de su fracaso es que están tratando de vivir la vida de Cristo con la suya.

¿Qué puedes hacer? ¿Es imposible vivir la vida cristiana? No, no lo es, pero a Cristo se le debe permitir vivirla. Debes conformarte con renunciar a tu vida pecaminosa e inútil, y considerarte muerto, -casi nada. Entonces, si estás realmente muerto con Cristo, también vivirás con Él. Entonces será contigo como lo fue con Pablo: "Porque yo por la ley soy muerto para la ley, a fin de vivir para Dios. Con Cristo estoy juntamente crucificado, y ya no vivo yo, más vive Cristo en mí; y lo que ahora vivo en la carne, lo vivo en la fe del Hijo de Dios, el cual me amó y se entregó a sí mismo por mí". Gálatas 2:19, 20. Cuando se le permite a Cristo vivir su propia vida en ti, entonces, y solo entonces, tu vida estará en armonía con la ley de Dios.

Entonces tendrás justicia, porque tienes la única vida en la que hay justicia.

Si tienes dudas sobre cómo obtener la vida de Cristo, puedes leer el relato de Sus milagros, cómo sanó a los enfermos y resucitó a los muertos. Lee cómo dio nueva vida a la pobre mujer cuya vida estaba decayendo diariamente. Lucas 8:43-48. Lee cómo dio vida a Lázaro y a la hija del gobernante. Aprende que su palabra es una palabra viviente, con poder para darte vida a medida que la recibes con fe. Aprende que la vida de Cristo está en Su palabra, para que cuando escuches y creas, Cristo mismo more en tu corazón por la fe. Efesios 3:17. Deja que estas cosas sean realidades vivientes, y seguramente tendrás vida por medio de Su nombre.

~30~

Déjalo Ser

"Quítense de vosotros toda amargura, enojo, ira, gritería y maledicencia, y toda malicia". Efesios 4:31. ¿Has leído esas palabras y pensado: "Ah, esto podría ser así?" ¿Has tratado sinceramente de alejar ese hablar mal, junto con "la raíz de la amargura" de la que brota, y fallaste, porque "pero ningún hombre puede domar la lengua, que es un mal que no puede ser refrenado, llena de veneno mortal?" Santiago 3:8.

Lee la exhortación divina, "Nada hagáis por contienda o por vanagloria; antes bien con humildad, estimando cada uno a los demás como superiores a él mismo" "Haya, pues, en vosotros este sentir que hubo también en Cristo Jesús". Filipenses 2:3, 5. Y similar a esto es la admonición, "permanezca el amor fraternal". Hebreos 13:1.

Qué bendito estado de ánimo debe ser este; y qué cielo habría en la tierra, si tal estado de cosas solo existiera, incluso entre aquellos que profesan el nombre de Cristo. Sin embargo, cuántos que han establecido este ideal bendito para ellos mismos, se encuentran preguntándose cómo se logrará.

Es la persona que es "carnal, vendida bajo el pecado", que está obligada a decir: "Y yo sé que en mí, esto es, en mi carne, no mora el bien; porque el querer el bien está en mí, pero no el hacerlo". Romanos 7:18. Dios es justo y amable. Él no es un tirano, y no establece tareas delante de ti sin mostrarte la forma de llevarlas a cabo. Él no solo muestra el camino, sino que proporciona el poder; el problema es la forma en que leemos sus mandamientos y exhortaciones. Leamos uno más y veamos si no comienza a sugerir una salida a la dificultad.

"Y la paz de Dios gobierne en vuestros corazones, a la que asimismo fuisteis llamados en un solo cuerpo; y sed agradecidos". Colosenses 3:15. Seguramente no puedes controlar la paz de Dios. No puedes fabricarla y ponerla dentro de tu corazón. No; solo Dios puede suministrar paz, y esto lo ha hecho ya. Jesús dijo: "La paz os dejo, mi paz os doy". Juan 14:27. "Escucharé lo que hablará Jehová Dios; Porque hablará paz a su pueblo y a sus santos". Salmos 85:8. El hecho de que solo Dios puede poner su paz en tu corazón y hacer que gobierne allí, debe indicarte que Él es quien cumplirá esas otras advertencias en ti.

Una vez más leemos: "La palabra de Cristo more en abundancia en vosotros". Colosenses 3:16. Esto, junto con el texto anterior, nos dice todo el secreto. Es por la palabra de Dios que estas cosas deben ser hechas. "No con ejército, ni con fuerza, sino con mi Espíritu, ha dicho Jehová de los ejércitos". Zacarías 4:6. La palabra del Señor, que nos presenta estos logros deseables de pensamiento y habla, es la agencia por la cual se logran.

¿Qué puede hacer la palabra del Señor? Leer Salmos 33:6, 9: "Por la palabra de Jehová fueron hechos los cielos; y todo el ejército de ellos por el aliento de su boca". "Porque Él dijo y fue hecho; Él mandó, y existió". "Y esta es la palabra que por el Evangelio os ha sido anunciada". 1 Pedro 1:25. El Evangelio es el poder de Dios para la salvación, para todos los que creen; y el poder de Dios se ve en la creación. Romanos 1:16, 19, 20. Por lo tanto, el poder por el cual se cumplirán en ti los mandamientos y exhortaciones del Espíritu Santo es el poder por el cual fueron hechos los cielos y la tierra.

Ve a la simple historia de la creación. Dios dijo: "Sea la luz; y fue la luz". Génesis 1:3. Entonces Dios dijo: "Júntense las aguas que están debajo de los cielos en un lugar, y descúbrase lo seco. Y fue así". Versículo 9. Dios dijo: "Produzca la tierra hierba verde, hierba que dé semilla; árbol de fruto que dé fruto según su género, que su semilla esté en él, sobre la tierra. Y fue así". Versículo 11. Y esto continúa a través de toda la historia de la creación.

La oscuridad no tenía poder en sí misma para producir luz. Las aguas no podían juntarse en un solo lugar. La tierra no podría hacer un gran esfuerzo, y echar los árboles cargados de fruta. Mucho menos podrían crearse el sol, la luna y las estrellas. Lo que no existía no podía traerse a sí mismo a la existencia.

Pero ante la palabra de Dios, diciendo: "Que así sea", todo se hizo realidad. Las palabras "deja que haya" llevan consigo el poder del ser. Lo creado fue en la palabra que lo creó.

Ahora, "somos hechura suya, creados en Cristo Jesús para buenas obras, las cuales Dios preparó de antemano para que anduviésemos en ellas". Efesios 2:10, margen. Y "Dios es el que en vosotros produce así el querer como el hacer, por su buena voluntad". Filipenses 2:13. Debes recordar que los mandamientos que lees al principio no son los mandamientos de una persona, sino son las palabras de Dios para ti. El mismo que en el principio dijo: "Hágase la luz" y "que la tierra produzca hierba", nos dice: "Que toda la amargura e ira... se te quite". Así como lo primero fue hecho, así también lo otro se cumplirá. "Porque como la tierra produce su renuevo, y como el huerto hace brotar su semilla, así Jehová el Señor hará brotar justicia y alabanza delante de todas las naciones". Isaías 61:11. Por lo tanto, cuando leas las advertencias para dejar ciertas cosas malvadas, y para que aparezcan ciertas gracias, no debes considerarlas como órdenes para que las guardes, sino como la agencia por la cual la tarea debe ser llevada a cabo.

El poder de Dios para crear es tan grande ahora como siempre lo fue. El que en el principio hizo que la tierra produjera fruto, y que hizo al hombre perfecto del polvo de la tierra, puede tomar estas vasijas de barro y hacerlas "para alabanza de la gloria de su gracia". Debes volverte tan familiarizado con el hecho de que Dios es el Creador, que cuando Él dice: "Haced que se haga esto", responderás de inmediato y continuamente: "¡Amén, así sea, deja que se haga, Señor Jesús!", y así el nuevo corazón será creado, de lo cual procederán pensamientos y palabras aceptables a Su vista.

~31~

Salvado por Su Vida

La muerte de Cristo reconcilia al pecador creyente con Dios. Eres por naturaleza el enemigo de Dios, y este odio consiste en la falta de obediencia a Su ley. Romanos 8: 7. La ley de Dios es Su vida, y Su vida es paz. Por lo tanto, Cristo es tu Paz, porque en Él eres hecho justicia de Dios y conformado a Su vida. Al entregar Su vida, Cristo se la da a todos los que la aceptan. Cuando lo aceptas, puedes decir: "Con Cristo estoy juntamente crucificado, y ya no vivo yo, más vive Cristo en mí". Tú estás reconciliado con Dios, porque tienes Su vida. Simplemente has hecho un intercambio, entregando tu vida a Cristo, y tomando Su vida a cambio.

Cuando Cristo se entrega a ti, El da toda su vida. Obtienes su vida como un bebé, como un niño, como un joven y como un adulto. Cuando reconoces que toda tu vida no ha sido más que un pecado, y voluntariamente la abandonas por amor a Cristo, haces un intercambio completo, y tienes la vida de Cristo desde la infancia hasta la adultez, en lugar de la tuya. Entonces necesariamente serás contado justo delante de Dios. Estás justificado, no porque Dios haya consentido ignorar tus pecados debido a tu fe, sino porque Dios te ha hecho justo, -un hacedor de la ley-, al darte Su propia vida recta.

Tú "tienes redención por su sangre, incluso el perdón de pecados". Colosenses 1:14. Esto muestra que cuando recibes la vida de Cristo en lugar de tu vida pecaminosa, entonces tienes el perdón de tus pecados. "Es la sangre que hace expiación por el alma", "porque la vida de la carne en la sangre está". Levítico 17:11. Entonces tienes redención a través de la sangre de Cristo y eres reconciliado con Dios por su muerte, porque en su muerte Él te da su vida.

Cuando recibes Su vida por fe te presentas ante Dios como si nunca hubieras pecado. La ley te examina y no puede encontrar nada malo, porque tu vida anterior se ha ido, y la vida que ahora tienes -la vida de Cristo- nunca ha hecho nada malo. ¿Pero qué hay del futuro? Como has sido reconciliado con Dios por la muerte de Su Hijo, así ahora debes ser salvo por Su vida que Él te dio en Su muerte. ¿Cómo conservas Su vida? Tal como lo recibiste "Por tanto, de la manera que habéis recibido al Señor Jesucristo, andad en Él"; Colosenses 2: 6. ¿Cómo lo recibiste? Por fe. Entonces debes retener su vida por fe, "porque el justo vivirá por fe". La fe en Cristo provee la vida espiritual con la misma seguridad que comer alimentos nutritivos proporciona vida física. El Salvador te dice: "El que come mi carne y bebe mi sangre, tiene vida eterna; y yo le resucitaré en el día postrero. Porque mi carne es verdadera comida, y mi sangre es verdadera bebida". Juan 6:54, 55. Tu comes su carne, alimentándote de su palabra (versículo 63), porque está escrito que vivirás "por cada palabra que sale de la boca de Dios".

"Salvados por su vida". ¿Cuál será la naturaleza de esa vida? No habrá pecado, "porque no hay pecado en Él". 1 Juan 3: 5. "El pecado es la infracción de la ley". Versículo 4. Por lo tanto, esa vida será la justicia de la ley. Jesucristo es el mismo ayer, y hoy, y por los siglos (Hebreos 13: 8), y así la vida que Él vivirá en ti ahora será la misma vida que Él vivió cuando estuvo en esta tierra hace dos mil años. Él vino aquí para proporcionarte un ejemplo completo de la vida de Dios. Las obras que hizo entonces las hará ahora en ti cuando lo aceptes, y cualquier pecado que no haya cometido no podrá ser cometido por ti mientras vivas su vida por completo. Nota algunos de los detalles de cómo Él vivió la ley de Dios.

El noveno mandamiento: Jesús es "el testigo fiel y verdadero". Apocalipsis 3:14. Él "el cual no hizo pecado, ni se halló engaño en Su boca". 1 Pedro 2:22. Hablarás la verdad cuando Cristo more en ti.

El sexto mandamiento: "porque el Hijo del Hombre no ha venido para perder las almas de los hombres, sino para salvarlas". Lucas 9:56. Él "anduvo haciendo bienes". Hechos 10:38. Él vino para abolir la muerte y sacar a la luz la vida y la inmortalidad a través del Evangelio. 2 Timoteo 1:10. Entonces

Él vivirá una vida de amor y buena voluntad para todos, en tu alma, mientras lo recibes.

El cuarto mandamiento: "y en el día de reposo entró en la sinagoga, conforme a su costumbre, y se levantó a leer". Lucas 4:16. Él reconoció la ley del sábado, diciendo: "Es lícito hacer bien en los días de reposo". Mateo 12:12. Él se llamó el Señor del día de reposo, porque Él lo hizo. Él nunca guardó un domingo. Por lo tanto, no hay una observación del domingo en su vida, para darte a ti que crees en Él. Su vida solo puede impartirte el guardar el día de reposo. Como guardó el sábado cuando estaba en esta tierra, así lo guardará ahora en ti, en quien Él vive.

Hay muchas personas que aman al Señor, que aún no saben que guardar el domingo no es parte de Su vida y, por consiguiente, aún no se han sometido a Él en este aspecto. Pero a medida que crecen en la gracia y en el conocimiento de nuestro Señor y Salvador Jesucristo, aprenderán que la observancia del sábado – el séptimo día – es una parte tan importante de la vida de Cristo como lo es la obediencia a los padres o el hecho de decir la verdad, y le permitirán a Él vivir este mandamiento en ellos también. Cuando dejas que Cristo more en ti en su plenitud, eres el hijo de Dios, porque es la vida de Cristo la que vives; y el Padre se complacerá contigo, así como Él estaba complacido con su Hijo unigénito.

~32~

No Te Olvides de Comer

"¡No te olvides de comer! Pues no podría olvidarlo, incluso si lo intentara", dice Ernest, "pues me gusta mucho hacerlo. Y luego, además, mi cabeza empieza a doler, y me siento débil y desmayo si tengo que perderme incluso una comida. No puedo trabajar y no puedo vivir sin comer, así que no creo que haya mucho peligro de que me olvide de comer".

Sí, pero escucha un minuto. ¿Sabes que te conviertes en la comida que comes? Si comes alimentos buenos y nutritivos, crecerás fuerte y sano, pero si comes alimentos pobres y en descomposición, te vuelves débil y enfermizo, y finalmente mueres. Incluso el mejor pan, verduras y fruta que puedas encontrar en el mercado no pueden ayudarte a crecer y convertirte en una persona perfecta. Pueden permitirte vivir una vida físicamente saludable, pero no pueden hacer que tu vida dure más de unos pocos años como máximo. Para entonces su poder está completamente gastado, y tu vida se ha ido.

Dios dice que no puedes vivir solo con pan terrenal, sino que también debes tener pan celestial todos los días. El pan terrenal, como todas las cosas terrenales, no tiene vida en sí mismo, y pronto desaparece. No tiene vida para darte. Pero el Pan de Vida del cielo está tan lleno de vida que puede darte vida, incluso la vida eterna. Si lo comes todos los días, te hará crecer perfecto, como Jesús, de modo que desees hacer solo cosas puras y buenas; y también te dará la fuerza para hacerlas. Sabes que no obtienes eso del pan terrenal. Intentas una y otra vez hacer lo correcto pero no puedes.

¿Lloverá Dios este pan del cielo por ti todos los días, como lo hizo con el maná para los israelitas? No, porque Él ya te lo envió, y está a tu alcance.

¡Dios dice que encontrarás todo el Pan Celestial que posiblemente puedas necesitar en tu Biblia! Las palabras que ves en tu Biblia no son las mismas palabras sin vida que lees en otros libros. Jesús dice que las palabras de la Biblia están llenas de vida, de su vida. Y Él dice: "Yo soy el pan de vida que descendió del cielo".

¿No ves que, como la vida de Jesús está en esas palabras, puedes obtener a Jesús, el pan del cielo, simplemente alimentándote de esas palabras? Puedes comerlas y hacerlas parte de ti, leyéndolas todos los días y creyendo que son tu Padre celestial que te habla; amándolas, y creyendo que por ellas Jesús viene a tu corazón.

Y cuando Jesús está en tu corazón, ¿su palabra poderosa, que creó la tierra y el universo entero, no te guardará del pecado y te fortalecerá para decir palabras amables y hacer actos de amor? Dices tú, "¿Cómo es que puede Jesús entrar en mi corazón con Su Palabra? ¿Cómo puedo alimentarme de Él, alimentándome de Su Palabra?" Esa es una pregunta que no puedo responder. No sé cómo puede ser. Pero no necesitas saber cómo se hace. Jesús dice que lo hará, ¿y no es suficiente? Sabes que Él lo ha hecho, y está viviendo todos los días en tu corazón mientras comes Sus palabras.

Oh, ¡aprecia tu Biblia! Ámala y léela como ningún otro libro. Lo digo otra vez: no te olvides de comer el pan de la vida todos los días. Lo necesitas mucho más que tu comida terrenal. Alimentarte una vez a la semana no te mantendrá vivo para el cielo, así como tampoco comer tu alimento terrenal una vez a la semana te mantendrá vivo para la tierra. ¡NO TE OLVIDES DE COMER!

~33~

Tener Fe en Dios

"Tener fe en Dios". Estas palabras fueron pronunciadas por nuestro Salvador a sus discípulos cuando expresaron su sorpresa por el repentino marchitamiento de la higuera estéril. Marcos 11:22. No son menos aplicables hoy a ustedes que a la pequeña compañía que siguió a Jesús en Sus paseos por Judea. Son las palabras de vida eterna para el pecador sentado en la oscuridad y la sombra de la muerte. Son la suma de todo lo que Dios, por las diversas formas en que Él se comunica contigo, le habla a tu alma.

¿Tienes fe en Dios? ¿Sabes que la tienes? ¿Estás seguro de que sabes lo que es la fe? Los discípulos pensaron que tenían fe, pero en el tiempo de la prueba y el juicio fueron encontrados faltos. La fe soporta todas las pruebas; pero lo que no es fe, no soporta la prueba. Si tienes fe, permanecerás inquebrantable en las tormentas y las tentaciones de esta vida mortal. Pero si lo que piensas que es fe, es solo una falsificación de la fe, entonces cuando la tormenta pegue con fuerza, tu casa caerá. Es importante saber ahora si tu casa está construida sobre la arena o sobre la roca sólida.

La roca sólida es la palabra de Dios; y no hay tal cosa como la fe sin esta palabra. La roca es Cristo, y Cristo es la Palabra. Juan 1:1, 14. Puede que esa palabra no te parezca sólida; pero es. No estamos acostumbrados a pensar que las palabras son tan sólidas como las rocas, pero esto es cierto de la palabra del Señor. Esa palabra es tan sustancial como Dios mismo. Y mientras que la tierra y las cosas terrenales pasarán, la palabra del Señor permanecerá tan firme como el trono eterno. Por esa palabra llegaron a existir, y por esa palabra serán disueltos y desaparecerán.

La fe se compone de dos elementos -la creencia y la palabra de Dios. La fe falsificada tiene solo uno de estos elementos; siempre carece de la palabra. Se basa en otra cosa- algún sentimiento, impresión, esperanza, deseo, proceso de razonamiento o la palabra de una persona. La fe acepta la palabra de Dios, sin importar cómo se lea, sin cuestionar. La fe fingida a menudo se ve obligada a explicar la palabra. La fe genuina "obra por amor". La fe fingida o no funciona en absoluto, o funciona por algún motivo que tiene su raíz en el yo.

El Salvador dijo que si tienes fe, podrías pedirle a Dios lo que quisieras, y te lo darían. Pero cuando tengas fe, preguntarás según la voluntad de Dios, y Dios siempre escuchará tal petición y la contestará; porque la fe siempre descansa en la palabra de Dios, que es la expresión de su voluntad. Y cuando pidas con fe, creerás que recibes las cosas que pediste, basando tu creencia en la promesa de Dios. No solo crees que las tienes, sino que las tienes, real y literalmente. Entonces hace toda la diferencia del mundo para ti, el tener o no fe. Algunas personas saben y admitirán los grandes beneficios que provienen de la fe en otras personas. Pero a través de la ceguera y la perversidad de sus mentes naturales, piensan que nada sustancial podrá derivarse de la fe en Dios.

~34~

Vivir Según la Palabra

"No solo de pan vivirá el hombre, sino de toda palabra que sale de la boca de Dios". Mateo 4:4. Incluso físicamente, no puedes vivir de algo que no tiene vida. El aire muerto es muerte para ti si lo respiras, de la misma manera agua muerta o comida muerta. Cualquier cosa que tomes en forma de comida o bebida debe tener el elemento de la vida, o de lo contrario no puedes vivir de ella. Entonces también para que puedas vivir por la palabra de Dios, esa palabra tiene el elemento de la vida. Por lo tanto, esta palabra se llama "la palabra de vida".

Como es la palabra de Dios y está impregnada de vida, la vida que está en ella debe ser la vida de Dios; y esta es la vida eterna. Por lo tanto, en verdad se dice que las palabras del Señor son "palabras de vida eterna". Cuando la palabra de Dios viene a ti, en ese mismo momento y en esa palabra, la vida eterna viene a ti. Y cuando te niegas a recibir la palabra, estás rechazando la vida eterna. Jesús mismo dijo: "De cierto, de cierto os digo: El que oye mi palabra y cree al que me envió, tiene vida eterna". Ustedes han "pasado de la muerte a la vida". Juan 5:24.

Jesús usó el ejemplo de vivir por pan como una ilustración de vivir según la palabra de Dios. Esto no fue elegido al azar. Todas las palabras del Señor fueron definitivamente usadas para enseñar una lección de suma importancia. Físicamente, tú vives de acuerdo al pan, usando el término "pan" como que abarca todos los alimentos adecuados. Pero para que puedas vivir de pan, es esencial que esté dentro de ti. Y para vivir según la palabra de Dios, es tan esencial que estará dentro de ti.

No creerás que puedes vivir comprando el mejor pan y luego solo mirarlo ocasionalmente, o analizándolo, y esforzándote por resolver los misterios de su composición y cómo podría sostener

105

Viviendo por Fe

tu vida. Sin embargo, miles de personas realmente parecen suponer que pueden vivir de acuerdo con la palabra de Dios de esa manera. Muchas personas compran una Biblia de ocho o diez veces el tamaño adecuado, con muchas notas de consejos en letras oscuras, la ponen sobre la mesa y se enorgullecen de que "creen en la Biblia". Realmente parecen pensar que de alguna forma misteriosa los hará vivir. Pero sería igual de sensato e igual de beneficioso para ellos comprar una barra de pan bellamente decorada de varias veces el tamaño habitual, y ponerla sobre la mesa, pero no comer nada, y luego proclamar que "creen en la buena vida".

No esperas vivir de esta manera por el pan: y no puedes vivir de acuerdo con la palabra de Dios de esta manera. Para vivir de pan, sabes que debe ser llevado a tu boca, masticado y preparado correctamente para el proceso digestivo, y luego tragado y dado al proceso digestivo, para que la vida que este tiene pueda ser llevada a todas las partes de tu sistema Entonces con la palabra de Dios; debes recibirla tal como es en verdad, la palabra de Dios; debes darle un lugar en tu corazón como palabra de vida; entonces descubrirás que es verdaderamente la palabra de vida.

En la Biblia, esta misma idea de vivir comiendo pan, es llevada y se aplica a la palabra de Dios. "Más tú, hijo de hombre, oye lo que yo te hablo; no seas rebelde como la casa rebelde; abre tu boca, y come lo que yo te doy. Y miré, y he aquí una mano extendida hacia mí, y en ella había un rollo de libro. Y lo extendió delante de mí, y estaba escrito por delante y por detrás; y había escritas en él endechas y lamentaciones y ayes. Me dijo: Hijo de hombre, come lo que hallas; come este rollo, y ve y habla a la casa de Israel. Y abrí mi boca, y me hizo comer aquel rollo. Y me dijo: Hijo de hombre, alimenta tu vientre, y llena tus entrañas de este rollo que yo te doy. Y lo comí, y fue en mi boca dulce como miel. Luego me dijo: Hijo de hombre, ve y entra a la casa de Israel, y habla a ellos con mis palabras". "Y me dijo: Hijo de hombre, toma en tu corazón todas mis palabras que yo te hablaré, y oye con tus oídos". Ezequiel 2:8–3:4,10.

Antes de que el profeta pudiera hablar la palabra de Dios a los demás, tenía que encontrar que era la palabra de Dios para él. Antes de que pudiera transmitirlo como la palabra de vida a los demás, tenía que saberlo como la palabra de vida para él mismo. Para que él hiciera esto, se le ordenó comerlo, tragarlo y llenarse con él. Él debía escucharlo y recibirlo en su corazón. Esta instrucción es para ti para que puedas vivir por la vida de Dios. Cuando tomas el nombre de Cristo, te diriges a "predicar la palabra de vida", pero debe ser vida para ti en tu ser interior antes de poder compartirla como la palabra de vida para los demás.

Este mismo pensamiento se expresa en otro lugar. "Tus palabras fueron halladas, y las comí; y tu palabra fue para mí el gozo y el regocijo de mi corazón". Nota que esto no dice, yo comí los capítulos o comí los versículos, o incluso, comí los temas. No, dice, "fueron halladas tus palabras, y yo las comí" - las palabras. Aquí es donde miles pierden el verdadero beneficio de la palabra de Dios. Intentan captar demasiado a la vez, y realmente no obtienen nada. Las palabras no son nada para ti si no tienes los verdaderos pensamientos que están tratando de expresar. Y cuanto mayor es la mente del que habla, más profundos son los pensamientos que se expresan, incluso en las palabras más simples. La mente del que habla en la Biblia es infinita; y los pensamientos expresados en palabras simples son de profundidad eterna porque son la revelación de "el propósito eterno, que se propuso en Cristo Jesús, nuestro Señor".

Con tu mente pequeña y finita, no eres capaz de captar rápidamente los pensamientos que se enseñan en muchas de las palabras de la Biblia. No eres capaz de comprender las palabras de un capítulo entero, o incluso de un versículo entero a la vez. Una palabra a la vez de las palabras de Dios, es todo lo que tu mente es capaz de considerar con provecho.

Ciertamente, cualquiera que profese recibir las palabras de la Biblia como la palabra del Dios eterno, expresando Su pensamiento en Su propósito eterno, tendría que tener una buena dosis de presunción de sus propios poderes de la mente para creer que es capaz de comprender a la vez la idea de muchas de esas palabras.

"No seas sabio en tus propios conceptos". "No seas obstinado". No pienses que es demasiado pequeño para ti tomar una palabra de Dios a la vez, y considerarla cuidadosamente, y meditar en ella con espíritu de oración, y recíbela en tu corazón como la palabra de vida para ti. Recíbela de esta manera, y descubrirás que la palabra será de verdad para ti la palabra de vida y traerá gozo constante y regocijo a tu corazón. No pienses que esta es una forma demasiado lenta de escudriñar la Biblia, o un libro o capítulo de la Biblia. De esta manera la escudriñaras con una ventaja infinitamente mejor que leerla rápidamente sin entenderla. De esta manera obtienes cada palabra, y cada palabra que obtienes es vida eterna para ti. Porque Jesús dijo que el hombre vivirá "por cada palabra que sale de la boca de Dios". Hay vida en cada palabra, y tan ciertamente como recibes una palabra de ella en tu mente y corazón, en esa palabra y por esa palabra tienes vida eterna.

Mira nuevamente las palabras de Jesús: "No solo de pan vivirá el hombre, sino de toda palabra que sale de la boca de Dios". ¿Cómo vives físicamente comiendo pan? ¿Es tragando grandes trozos o porciones enteras a la vez? Tú sabes que no es así. Y sabes que si tratas de vivir comiendo pan de esa manera, no vivirás mucho tiempo. Sabes que al vivir de pan, lo haces tomando un bocado a la vez.

Entonces, cuando Jesús usó esta ilustración y la frase "cada palabra de Dios", ¿no tenía la intención de enseñarte que una palabra de Dios a la vez es la manera de vivir de acuerdo con ella, al igual que un bocado de pan a la vez es la forma en que vives de pan? ¿No es esta misma lección enseñada en las Escrituras, "fueron halladas tus palabras, y yo las comí"?

"Hijo de hombre, ... come lo que te doy". Come la palabra de Dios. Come "cada palabra que sale de la boca de Dios". Entonces vivirás una vida espiritual saludable y fuerte al igual que al comer la mejor comida, vives una vida física saludable y fuerte. Come el pan del cielo y te traerá la vida del cielo; así como comer el pan de la tierra te trae vida física.

~35~

Oración

La oración es el canal de la comunión de tu alma con Dios. A través de ella, tu fe asciende a Dios y sus bendiciones descienden hacia ti. Las oraciones de los santos ascienden como incienso ante Dios. Ellos realmente vienen a Su presencia. Salmos 141: 2; Apocalipsis 5:8; 8:3, 4. La oración es el índice de la espiritualidad del alma. Hay "la oración de fe", de la que habla Santiago, y también está la oración vacilante, mencionada por Santiago. Existe "la oración eficaz y ferviente", que "vale mucho", y también está la oración fría y formal, que no sirve de nada. Tus oraciones muestran la medida exacta de tu espiritualidad.

Por fe, la oración efectiva se apodera de la palabra de Dios. La fe no solo cree que Dios es, sino que Él es galardonador de aquellos que lo buscan diligentemente. Hebreos 11:6. No se ofrece formalmente, sino con un sentido de necesidad; sin dudas ni desesperación, pero con plena confianza de que se escucha, y recibirá una respuesta a su debido tiempo.

La oración efectiva no es argumentativa, ya que no es tu lugar discutir con Dios. Las declaraciones no son con el propósito de transmitir información a Dios, o de persuadirlo a hacer lo que no tenía la intención de hacer. Los argumentos y las apelaciones de una persona finita no pueden cambiar la mente del Omnisciente. Tú, en fe, no le suplicaras a Dios por tal propósito. No querrás persuadir a Dios para que trabaje en tu camino, ya que crees en la declaración de Dios de que como los cielos son más altos que la tierra, así son Sus caminos más altos que tus caminos. Tu oración constante es, Tu voluntad, no la mía, sea hecha.

¿Qué es la oración y cuál es el propósito por el cual se ofrece? Es la expresión de tu consentimiento a lo que Dios desea y espera hacer por ti. Le estás expresando a Dios tu disposición a dejar que Él haga por ti lo que quiere. No te corresponde a ti instruir al Señor con respecto a lo que necesitas. "Tu Padre celestial sabe qué cosas necesitas antes de pedirle". Él sabe lo que necesitas mucho mejor de lo que te conoces a ti mismo. "Porque no sabemos por qué debemos orar como debemos; pero el Espíritu mismo intercede por nosotros con gemidos indecibles". Romanos 8:26.

Dios conoce todas las necesidades que tienes, y está listo y ansioso por cubrirlas; pero Él espera que te des cuenta de tu necesidad de Él. Él no puede, de manera consistente, con los principios infinitamente sabios por los cuales Él trabaja, otorgarte bendiciones espirituales que no apreciarías. Él no puede trabajar para ti sin tu cooperación. Tu corazón debe estar en condiciones de recibir un obsequio apropiado antes de que pueda ser otorgado. Y cuando esté en esa condición, sentirás un anhelo serio que naturalmente tomará la forma de oración. Y cuando se siente este anhelo, cuando tu alma siente un intenso deseo de la ayuda que solo Dios puede dar, cuando el lenguaje de tu alma es: "Como el ciervo brama por las corrientes de las aguas, así clama por ti, oh Dios, el alma mía", El efecto es abrir el canal entre Dios y tu alma. Entonces puede descender el torrente de bendiciones que Dios ya estaba esperando derramar. Y es la intensidad de tu deseo lo que determina qué tan ancho se abrirá la puerta.

Necesitas comprender más claramente la gran verdad de que Dios ve y sabe todo lo que necesitas y tiene todas las disposiciones para todos tus deseos. Él los conoce incluso antes de que hayas pensado en esos mismos deseos. Tu trabajo no es determinar qué se debe hacer para aliviar tus deseos, sino colocarte en una posición donde Dios pueda aliviarlos por los medios que ha provisto. Deseas moverte de acuerdo con Sus planes, y no emprender la infructuosa tarea de tratar de hacer que Él trabaje para ti de acuerdo con tus propios planes.

~36~

Estar Justificado

"Justificados, pues, por la fe, tenemos paz para con Dios por medio de nuestro Señor Jesucristo". Romanos 5:1. ¿Qué significa esto? ¿Qué se justifica? Tanto los profesos como los no profesos a menudo confunden su significado. Muchos de los primeros piensan que es una especie de centro de rehabilitación para el favor perfecto de Dios, mientras que los segundos piensan que es un sustituto de la rectitud real. Ellos piensan que la idea de la justificación por la fe es que si solo crees lo que dice la Biblia, serás considerado justo cuando no lo eres. Todo esto es un gran error.

La justificación tiene que ver con la ley. El término significa hacer justo. En Romanos 2:13 se nos dice quiénes son los justos: "Porque no son los oidores de la ley los justos ante Dios, sino los hacedores de la ley serán justificados". Ser justo significa ser justificado. Por lo tanto, cuando eres justo guardas la ley. Por lo tanto, se deduce que cuando eres justificado o hecho justo, eres hecho un hacedor de la ley.

Ser justificado por la fe, entonces, es simplemente convertirse en un hacedor de la ley por la fe. "Por las obras de la ley ningún ser humano será justificado delante de él". Romanos 3:20. La razón de esto se da en los versículos anteriores. Es porque no hay nadie que haga el bien. "Todos se desviaron, a una se hicieron inútiles; no hay quien haga lo bueno, no hay ni siquiera uno". Versículo 12. No solo todos pecaron, sino que "Por cuanto los designios de la carne son enemistad contra Dios; porque no se sujetan a la ley de Dios, ni tampoco pueden". Romanos 8:7.

Entonces, hay una doble razón por la cual la ley no puede justificarte. En primer lugar, ya que has pecado, es imposible que cualquier cantidad de obediencia subsiguiente pueda compensar tu pecado.

El hecho de que no robes nada hoy no elimina el hecho de que robaste algo ayer; ni disminuye tu culpabilidad. La ley te condenará por un robo cometido el año pasado, a pesar de que te hayas abstenido de robar desde entonces. Esto es tan obvio que no necesitas ninguna otra ilustración o argumento.

En segundo lugar, no solo has pecado, para que no puedas ser justificado por una cantidad de obediencia posterior, incluso si pudiste hacerlo, pero es imposible para ti, por naturaleza, estar sujeto a la ley de Dios. No puedes hacer lo que la ley requiere. Escucha las palabras del apóstol Pablo, ya que él describe su condición cuando quiere obedecer la ley: "Porque sabemos que la ley es espiritual; mas yo soy carnal, vendido al pecado. Porque lo que hago, no lo entiendo; pues no hago lo que quiero, sino lo que aborrezco, eso hago. Y si lo que no quiero, esto hago, apruebo que la ley es buena. De manera que ya no soy yo quien hace aquello, sino el pecado que mora en mí. Y yo sé que en mí, esto es, en mi carne, no mora el bien; porque el querer el bien está en mí, pero no el hacerlo". Romanos 7:14-18. Por lo tanto, es suficientemente claro por qué no puedes ser justificado por la ley. La culpa no está en la ley, sino en ti. La ley es buena, y esa es la razón por la cual no justificará a una persona malvada.

Pero lo que la ley no puede hacer, la gracia de Dios sí lo hace. Justifica a una persona. ¿Qué tipo de personas justifica? Pecadores, por supuesto, porque son los únicos que necesitan justificación. "Pero al que obra, no se le cuenta el salario como gracia, sino como deuda; más al que no obra, sino cree en aquel que justifica al impío, su fe le es contada por justicia". Romanos 4:4-5 Dios justifica a los impíos. ¿No es así? Ciertamente lo es. No significa que Él pasa por alto tus faltas, para que seas considerado justo, aunque eres realmente malvado; pero significa que te hace un hacedor de la ley. En el momento en que Dios te declara justo, en ese instante eres un hacedor de la ley. Seguramente ese es un buen trabajo, un trabajo justo y misericordioso.

¿Cómo eres justificado o hecho justo? "Siendo justificados gratuitamente por su gracia, mediante la redención que es en Cristo Jesús". Romanos 3:24. Recuerda que justificar significa hacerte un hacedor de la ley, y luego lee el pasaje otra vez:

"Siendo un hacedor de la ley gratuitamente, por la redención que es en Cristo Jesús". La redención que está en Cristo Jesús es la dignidad o el poder adquisitivo de Cristo. Él se da a ti el pecador. Mientras crees, Su justicia te es dada. Eso no quiere decir que la justicia de Cristo que hizo hace dos mil años está reservada para ti, para ser simplemente acreditada a tu cuenta, pero significa que Su presente, la justicia activa te es dada a ti. Cristo viene a vivir en ti cuando crees, porque Él mora en tu corazón por fe. Entonces, mientras eras pecador, te transformaste en una nueva persona, teniendo la justicia de Dios.

Entonces se verá que no puede haber un estado más elevado que el de la justificación. Hace todo lo que Dios puede hacer por ti excepto hacerte inmortal, lo cual se hace solo en la resurrección. Pero esto no significa que, al estar justificado, no haya más peligro de que caigas en el pecado. No; "Los justos vivirán por la fe". Debes ejercitar continuamente la fe y la sumisión a Dios, a fin de retener Su justicia, para seguir siendo un hacedor de la ley.

Esto deja en claro la fuerza de estas palabras, "¿Luego por la fe invalidamos la ley? En ninguna manera, sino que confirmamos la ley". Romanos 3:31. Es decir, en lugar de violar la ley y dejarla sin efecto en tu vida, la estableces en tu corazón por fe. Esto es así porque la fe trae a Cristo a tu corazón, y la ley de Dios está en el corazón de Cristo. Y así, "como por la desobediencia de un hombre muchos fueron hechos pecadores, así por la obediencia de uno muchos serán constituidos justos". Aquel que obedece es el Señor Jesucristo, y su obediencia se hace en tu corazón cuando crees. Puesto que solo por su obediencia eres hecho un hacedor de la ley, así solo para Él será la gloria por los siglos de los siglos.

113

~37~

Milagros Sabáticos

La razón por la cual la Biblia registra tantos milagros de Jesús es "para que creáis que Jesús es el Cristo, el Hijo de Dios, y para que creyendo, tengáis vida en su nombre". Juan 20:30-31. Las enseñanzas de Jesús y los discípulos te dicen el camino de la vida; pero en los milagros que Dios obró con ellos puedes ver la realidad de la vida y su poder. Cada verdad espiritual de la Biblia se ilustra con los milagros que se realizaron en los cuerpos de las personas.

Dios le dio a Jesús "poder sobre toda carne, para que dé vida eterna" a todos los que vienen a Él. Por su poder de liberar nuestros cuerpos de la enfermedad, muestra su poder para liberar nuestras almas del pecado. Porque, ¿qué es más fácil, decir: Los pecados te son perdonados, o decir: Levántate y anda? "Pues para que sepáis que el Hijo del Hombre tiene potestad en la tierra para perdonar pecados (dice entonces al paralítico): Levántate, toma tu cama, y vete a tu casa. Entonces él se levantó y se fue a su casa. Y la gente, al verlo, se maravilló y glorificó a Dios, que había dado tal potestad a los hombres". Mateo 9:5-8.

Algunos de los milagros más sorprendentes de Jesús se realizaron en el día de reposo, y deseamos llamar especial atención ahora.

El Hombre Ciego de Nacimiento

"Al pasar Jesús, vio a un hombre ciego de nacimiento. Y le preguntaron sus discípulos, diciendo: Rabí, ¿quién pecó, éste o sus padres, para que haya nacido ciego? Respondió Jesús: No es que pecó éste, ni sus padres, sino para que las obras de Dios se manifiesten en él. Me es necesario hacer las obras del que me envió, entre tanto que el día dura; la noche viene, cuando nadie puede trabajar. Entre tanto que estoy en el mundo, luz soy del

114

mundo. Dicho esto, escupió en tierra, e hizo lodo con la saliva, y untó con el lodo los ojos del ciego, y le dijo: Ve a lavarte en el estanque de Siloé (que traducido es, Enviado). Fue entonces, y se lavó, y regresó viendo". "Y era día de reposo cuando Jesús había hecho el lodo, y le había abierto los ojos". Juan 9:1-7, 14. Por este milagro, Cristo dio una prueba visible del hecho de que Él es la luz del mundo. El mendigo ciego creyó las palabras de Cristo, y así recibió su vista. De esto podemos conocer la veracidad de la afirmación de Cristo: "Otra vez Jesús les habló, diciendo: Yo soy la luz del mundo; el que me sigue, no andará en tinieblas, sino que tendrá la luz de la vida". Juan 8:12. Cuando los ojos del ciego se abrieron, pudo ver la luz del sol. Pero Cristo fue su luz espiritual, mostrando que la luz que el sol brilla sobre la tierra es solo la luz que ha recibido del Sol de Justicia.

No podemos ver a Cristo, y es imposible que nuestras mentes comprendan cómo se nos puede dar Su vida, para que podamos tener justicia y vida eterna. Pero sabes que el sol da luz a la tierra y que en su luz hay vida; y dado que el milagro de dar vista a los ciegos muestra que esta luz y vida provienen de Cristo, también puedes saber que Él puede impartir su vida de justicia. Es tan fácil creer en Cristo como el Salvador del pecado y la muerte, como lo es creer que el sol causa vida y fecundidad a la tierra.

El pecado es la oscuridad. Nuestros corazones se oscurecen cuando no glorificamos a Dios como Dios. Romanos 1:21. Los pecadores tienen "el entendimiento entenebrecido, ajenos de la vida de Dios". Efesios 4:18. Así como Cristo dio la vista a los ciegos, también quita la oscuridad del pecado y da la luz de la vida a todos los que lo aceptan en verdad.

Curación de la Mujer Enferma

"Enseñaba Jesús en una sinagoga en el día de reposo; y había allí una mujer que desde hacía dieciocho años tenía espíritu de enfermedad, y andaba encorvada, y en ninguna manera se podía enderezar. Cuando Jesús la vio, la llamó y le dijo: Mujer, eres libre de tu enfermedad. Y puso las manos sobre ella; y ella se enderezó luego, y glorificaba a Dios. Pero el principal de la sinagoga, enojado de que Jesús hubiese sanado en el día de reposo, dijo a la gente: Seis días hay en que se debe trabajar; en éstos, pues, venid y sed sanados, y no en día de reposo. Entonces el Señor le respondió y dijo: Hipócrita, cada uno de vosotros ¿no desata en el día de reposo su buey o su asno del pesebre y lo lleva a beber? Y a esta hija de Abraham, que Satanás había atado dieciocho años, ¿no se le debía desatar de esta ligadura en el día de reposo? Al decir él estas cosas, se avergonzaban todos sus adversarios; pero todo el pueblo se regocijaba por todas las cosas gloriosas hechas por él". Lucas 13:10-17.

Esta mujer había sido atada por Satanás. Liberarla fue una sorprendente ilustración del poder de Cristo para liberarse del pecado; porque "todo aquel que hace pecado, esclavo es del pecado". (Juan 8:34), y "es del diablo" (1Juan 3:8); y "Porque el que es vencido por alguno es hecho esclavo del que lo venció". 2 Pedro 2:19.

La mujer no podía levantarse. Realmente podemos decir, "Me han alcanzado mis maldades, y no puedo levantar la vista". Salmos 40:12. Pero, viendo el poder de Cristo sobre la mujer enferma, también podemos decir: "Mas tú, Jehová, eres escudo alrededor de mí; Mi gloria, y el que levanta mi cabeza". Salmos 3:3.

La mujer "tenía un espíritu de enfermedad". Cristo tuvo compasión de ella y la sanó. Entonces sabemos que "Porque no tenemos un sumo sacerdote que no pueda compadecerse de nuestras debilidades" (Hebreos 4:15), y también sabemos que su simpatía es práctica. En estos milagros tenemos una bendita ilustración del poder de Cristo para abrir nuestros ojos "y para convertirlos de las tinieblas a la luz, y del poder de Satanás a Dios".

¿Por qué hacerlos el día Sábado?

La Biblia específicamente señala que estos milagros fueron hechos en el día de reposo. Nótese también que la necesidad de curación no era tan urgente que tuvieran que ser sanadas inmediatamente. El ciego podría haber esperado otro día sin inconvenientes especiales. La mujer había estado enferma durante dieciocho años y no estaba en peligro inmediato. Y ninguno de ellos esperaba ser sanado, así que no se habrían desilusionado si Jesús no los hubiera sanado hasta que el sábado hubiera pasado.

Pero Jesús no demoró una hora. Además, Él los sanó en el día sábado, sabiendo muy bien que ofendería a los fariseos y aumentaría su odio por él. Esto muestra que Él tenía un objeto especial al hacer estos milagros en el día de reposo, y que el

Espíritu Santo tenía un propósito al llamar especialmente nuestra atención sobre el día en que se realizaban. ¿Qué fue ese objeto? La respuesta es fácil. Los milagros fueron hechos con el mismo propósito que fueron grabados, "para que creáis que Jesús es el Cristo, el Hijo de Dios; y para que creyendo, tengáis vida en su nombre".

Jesús no hizo estos milagros por falta de respeto al día de reposo, ya que guardó todos los mandamientos. Algunos tienen la idea errónea de que Jesús los hizo para mostrar que el sábado puede romperse en caso de necesidad. Pero Jesús no rompió el sábado, aunque los judíos lo acusaron falsamente de hacerlo. Nunca es necesario romper el sábado, pero Jesús mismo dijo: "es lícito hacer el bien en los días de reposo". Mateo 12:12. Jesús estaba mostrando el verdadero significado del sábado. Es cierto que trabajó en sábado, pero ¿cómo lo hizo? ¡Fue por Su Palabra! Desde la creación del mundo, cuando los cielos y la tierra se terminaron y "Dios descansó el séptimo día de todas sus obras", todavía continúa trabajando por la Palabra de su poder, que sostiene todas las cosas.

Dios nos dio el sábado para que podamos saber que Él es el Dios que nos santifica. Ezequiel 20:12. Entonces al realizar esos milagros en el día de reposo, Jesús estaba mostrando que el propósito del sábado es liberarnos de la esclavitud. Conmemora su poder creativo y es por este poder que somos hechos nuevas criaturas en Cristo, cuando creemos. "Porque nosotros, los que hemos creído, entramos en el reposo", incluso el descanso de Dios.

Dios descansó cuando terminó Su trabajo. Él descansó en su palabra de poder. Así que encontramos el descanso a través del trabajo, no nuestro trabajo, sino el trabajo de Dios. "Esta es la obra de Dios, que creáis en el que él ha enviado". Juan 6:29. Pero creer, como hemos visto, nos da descanso. La obra de Dios nos da descanso del pecado, porque triunfamos en la obra de Sus manos. Salmos 92:4.

Entonces, por estos milagros, Cristo les enseña que el sábado, el séptimo día de la semana, es la gloria suprema del Evangelio. Mantenido como Dios quiso, te permite ver a Cristo como ambos Redentor y Creador. Su poder Redentor es Su poder creativo. El sábado del Señor, el memorial de la creación, te recuerda el poder de Dios para la salvación de todos los que creen. Te revela, como nada más puede hacerlo, que Cristo fue ungido por el Espíritu Santo "para predicar el Evangelio a los pobres"; "a sanar a los quebrantados de corazón; A pregonar libertad a los cautivos, y vista a los ciegos; A poner en libertad a los oprimidos; A predicar el año agradable del Señor". Lucas 4:18, 19.

~38~

La Vida en Cristo

"Porque si, cuando éramos enemigos, fuimos reconciliados con Dios por la muerte de su Hijo, mucho más, estando reconciliados, seremos salvos por su vida". Muchos actúan y hablan como si Cristo aún estuviera muerto. Sí, Él murió; pero resucitó y vive para siempre. Tenemos un Salvador resucitado. ¿Qué hace la muerte de Cristo por ti? Te reconcilia con Dios. Él murió, el justo por los injustos, para que Él pueda llevarte a Dios. ¡Ahora anota! Es la muerte de Cristo lo que te trae a Dios; ¿Qué es lo que te mantiene allí? Es la vida de Cristo. Tú eres salvo por Su vida. Ahora ten estas palabras en tu mente: "Al reconciliarnos, seremos salvos por su vida".

La vida de Cristo fue una vida sin pecado, y por lo tanto, la tumba no podría tener poder sobre Él. Es la misma vida que tienes cuando crees en el Hijo de Dios. Entrega tus pecados al Señor y toma esa vida sin pecado en su lugar.

La vida de Cristo es poder divino. En el momento de la tentación, la victoria ya está ganada. Cuando Cristo mora en ti, entonces eres justificado por la fe, y tienes Su vida permaneciendo en ti. Pero en esa vida Él ganó la victoria sobre todos los pecados, entonces la victoria es tuya antes de que la tentación llegue. Cuando Satanás viene con su tentación, no tiene poder, porque tú tienes la vida de Cristo, y esa vida en ti te protege de Satanás todo el tiempo. ¡Oh, la gloria de la noción, que hay vida en Cristo, y que tú puedes tenerla! Los justos vivirán por fe, porque Cristo vive en ellos.

"Estoy crucificado con Cristo; sin embargo yo vivo; pero yo no, sino que Cristo vive en mí; y la vida que ahora vivo en la carne la vivo por la fe del Hijo de Dios, quien me amó y se entregó a sí mismo por mí".

~39~

¿Qué es el Evangelio?

Esta pregunta es respondida en pocas palabras por el apóstol Pablo, en Romanos 1:16, 17: "Porque no me avergüenzo del evangelio, porque es poder de Dios para salvación a todo aquel que cree; . . . Porque en el evangelio la justicia de Dios se revela por fe y para fe, como está escrito: Mas el justo por la fe vivirá". Pero la respuesta abarca tanto que llevará toda la eternidad profundizar en su significado.

Hay dos puntos principales: (1) la salvación del pecado, (2) el poder de Dios ejercido para lograr esa salvación. Los consideraremos brevemente en orden.

El evangelio es el poder de Dios para la salvación, porque revela la justicia de Dios. Esto muestra que es la revelación de la justicia de Dios, que trae la salvación. Es la justicia de Dios que salva del pecado. Puesto que la injusticia es pecado (1 Juan 5:17), y el pecado es la transgresión de la ley (1 Juan 3:4), es evidente que la justicia es la obediencia a la ley de Dios. Los siguientes textos también lo muestran: "Y dará a luz un hijo, y llamarás su nombre JESÚS, porque él salvará a su pueblo de sus pecados". Mateo 1:21. "Palabra fiel y digna de ser recibida por todos: que Cristo Jesús vino al mundo para salvar a los pecadores". 1 Timoteo 1:15.

Dado que el pecado es la transgresión de la ley, entonces salvarte del pecado, de la transgresión de la ley, es hacerte obediente a la ley, un guardián de la ley. Por lo tanto, el evangelio es la revelación del poder de Dios para obrar la justicia en ti, para manifestar la justicia en tu vida. El evangelio proclama la ley perfecta de Dios y contempla la obediencia perfecta a esta. Pero se requiere el poder de Dios para exhibir actos de rectitud en tu vida. Tu poder es completamente

120

inadecuado. Esto se ve fácilmente cuando reconoces lo que es la justicia, que debe revelarse en la vida. El texto dice que es: "La justicia de Dios". La justicia de Dios se establece en su ley. Isaías 51: 6, 7. Ahora, ¿quién puede hacer la justicia de Dios? ¿Quién puede hacer actos tan justos como los que Dios hace? Claramente solo Dios mismo. La ley de Dios establece el camino de Dios. Salmos 119:1, 2. Pero el Señor dice: "Como son más altos los cielos que la tierra, así son mis caminos más altos que vuestros caminos, y mis pensamientos más que vuestros pensamientos". Isaías 55:9. Por lo tanto, tu esfuerzo por guardar los mandamientos de Dios caerá tan lejos como la tierra sea más baja que los cielos.

Todas las personas están caídas. El trabajo del evangelio es elevarte a un lugar a la diestra de Dios. ¿Pero puedes levantarte de la tierra al cielo? Tú puedes fácilmente elevarte desde el suelo hacia el sol, colocando tus manos debajo de las plantas de tus pies y levantando, a medida que puedas elevarte a la altura del requerimiento de los mandamientos de Dios por tus propias acciones. Sabes que cuando tratas de levantarte colocando las manos debajo de los pies, solo te estás abatiendo, y cuanto más fuerte levantas, más peso presiona hacia abajo. Lo mismo ocurre con todos tus esfuerzos para hacer lo que exige la ley de Dios. Solo estás añadiendo a tu culpa, pues "todas nuestras justicias como trapo de inmundicia". Isaías 64:6. Lo que haces tú mismo es del yo; es egoísmo; y el egoísmo no tiene lugar en el plan de salvación. Lo que es de uno mismo es de Satanás; es completamente malvado. Véase Marcos 7:21-23. El evangelio propone salvarte de ti mismo; por lo tanto, si planeas hacer el trabajo que Dios requiere total o parcialmente por ti mismo, entonces estás planeando hacer lo mejor que puedas para frustrar el plan de Dios.

Muchas personas hacen esto por ignorancia, pero el resultado es el mismo. Debido a que los judíos ignoraban la justicia de Dios, fueron a establecer su propia justicia. Romanos 10:1-3. Si te das cuenta de la infinita profundidad, altura y amplitud del carácter de Dios, que se resume en su ley, verás que nada menos que el poder de Dios puede producir ese carácter en ti. Solo Dios mismo puede hacer las obras de Dios. Para que supongas que tú mismo eres capaz de hacer las obras justas de Dios, es hacerse igual a Dios; y ese es el mismo "misterio de iniquidad" en sí mismo.

El trabajo del evangelio es poner las obras justas de Dios en el lugar de tu injusticia. Es obrar en ti las obras de Dios y hacerte pensar en los pensamientos de Dios. Es para salvarte de toda maldad, para librarte de "este mundo malvado presente", para redimirte de toda iniquidad; ese es el resultado. ¿De qué manera se debe lograr? Por el poder de Dios. Debemos saber qué es ese poder y cómo se recibe.

Inmediatamente después de la declaración de que el evangelio es el poder de Dios para la salvación, el apóstol nos dice cómo podemos conocer el poder. "Porque las cosas invisibles de él, su eterno poder y deidad, se hacen claramente visibles desde la creación del mundo, siendo entendidas por medio de las cosas hechas, de modo que no tienen excusa". Romanos 1:20. Es decir, el poder de Dios se ve en las cosas que Él ha hecho. La creación revela el poder de Dios, porque su poder es poder creativo. El hecho de que Dios crea es lo que lo distingue como el único Dios verdadero. El salmista dice: "Porque grande es Jehová, y digno de suprema alabanza; Temible sobre todos los dioses. Porque todos los dioses de los pueblos son ídolos; Pero Jehová hizo los cielos". Salmos 96:4, 5.

De nueva cuenta leemos: "Mas Jehová es el Dios verdadero; él es Dios vivo y Rey eterno; a su ira tiembla la tierra, y las naciones no pueden sufrir su indignación. Les diréis así: Los dioses que no hicieron los cielos ni la tierra, desaparezcan de la tierra y de debajo de los cielos. El que hizo la tierra con su poder, el que puso en orden el mundo con su saber, y extendió los cielos con su sabiduría; a su voz se produce muchedumbre de aguas en el cielo, y hace subir las nubes de lo postrero de la tierra; hace los relámpagos con la lluvia, y saca el viento de sus depósitos". Jeremías 10:10-13.

Salmos 33:6, 9, nos dice cómo el Señor hizo los cielos y la tierra: "Por la palabra de Jehová fueron hechos los cielos, todo el ejército de ellos por el aliento de su boca". "Porque él dijo, y fue hecho; Él mandó, y existió; El ordeno y se mantuvo firme". Fue hecho por Su palabra. Cuando Dios habla, la misma cosa existe en las palabras que describen o nombran la cosa. Así es que Él "llama las cosas que no son, como si fuesen". Romanos 4:17. Si llamas algo que no es como si fuera, es una mentira;

pero no es así cuando Dios así habla, porque Su misma palabra hace que exista. Cuando Él habla la palabra, allí está el asunto. "Él habló, y lo fue". La misma palabra que crea también confirma. En Hebreos 1:3 leemos que Cristo, que creó todas las cosas, sostiene todas las cosas "por la palabra de su poder". El poder creativo de la palabra de Dios se ve en la preservación de la tierra y los cuerpos celestes, y en el crecimiento de todas las plantas También las palabras del Señor por el profeta Isaías "¿A qué, pues, me haréis semejante o me compararéis? dice el Santo. Levantad en alto vuestros ojos, y mirad quién creó estas cosas; él saca y cuenta su ejército; a todas llama por sus nombres; ninguna faltará; tal es la grandeza de su fuerza, y el poder de su dominio". Isaías 40:25, 26. La razón por la cual la palabra puede hacer todas estas cosas es porque la palabra de Dios está viva. Al ser el aliento de Dios, tiene la naturaleza incorruptible de Dios, por lo que su poder nunca disminuye. Isaías 40 está totalmente dedicado a mostrar el poder de Dios. La palabra por la cual se sostienen todas estas cosas se menciona en los versículos 7, 8: "La hierba se seca, y la flor se marchita, porque el viento de Jehová sopló en ella; ciertamente como hierba es el pueblo. Secase la hierba, marchitase la flor; más la palabra del Dios nuestro permanece para siempre". El apóstol Pedro cita estas palabras y agrega: "esta es la palabra que por el evangelio os ha sido anunciada". 1 Pedro 1:25.

El evangelio es el poder de Dios para la salvación. Y el poder de Dios se muestra al crear y sostener la tierra; por lo tanto, el evangelio es el poder creativo de Dios ejercido para salvarte del pecado. Entonces el apóstol dice: "si alguno está en Cristo, nueva criatura es; las cosas viejas pasaron; he aquí todas son hechas nuevas. Y todo esto proviene de Dios". 2 Corintios 5:17, 18. "Porque somos hechura suya, creados en Cristo Jesús para buenas obras, las cuales Dios preparó de antemano para que anduviésemos en ellas". Efesios 2:10. El trabajo de la redención es el trabajo de producir una nueva creación -personas nuevas, cielos nuevos y tierra nueva- con la misma palabra que creó todas las cosas al principio.

¿Qué mayor aliento puede darte Dios que esto? El poder que trabaja en ti para hacer lo que es agradable a la vista del Señor,

123

¡es el mismo poder que hizo los cielos y la tierra, y que los sostiene! ¿Por qué debería haber algún desaliento?

Recuerda que aquel que sostiene todas las cosas por la palabra de su poder, es "poderoso para guardaros sin caída, y presentaros sin mancha delante de su gloria con gran alegría". Judas 24.

~40~

Religión del Tiempo Presente

"Con Cristo estoy juntamente crucificado, y ya no vivo yo, más vive Cristo en mí; y lo que ahora vivo en la carne, lo vivo en la fe del Hijo de Dios, el cual me amó y se entregó a sí mismo por mí". Gálatas 2:20. "Todo aquel que es nacido de Dios, no practica el pecado, porque la simiente de Dios permanece en él; y no puede pecar, porque es nacido de Dios". "Porque todo lo que es nacido de Dios vence al mundo; y esta es la victoria que ha vencido al mundo, nuestra fe". 1 Juan 3:9; 5:4.

De estos textos y muchos otros que podrían citarse, es evidente que la religión cristiana es una religión del tiempo presente. En la vida cristiana, nada cuenta para nada excepto lo que está presente. Lo que ha sido en el pasado es valioso solo por su influencia y efecto presente; y lo mismo es cierto de lo que está por venir.

Nacer de Dios es recibir tu vida de Él, así como recibiste vida por nacimiento de tus padres terrenales. Pero el nuevo nacimiento es un proceso continuo y, por lo tanto, algo que siempre está presente. Es la vida de la Vid entrando en ti, una rama. Juan 15:1. Por lo tanto, es un flujo continuo de vida desde Dios hacia ti. "Yo soy la vid, vosotros los pámpanos; el que permanece en mí, y yo en él, éste lleva mucho fruto". Juan 15:5.

Si la religión era algo del tiempo pasado, estarías volviendo tus ojos hacia atrás en vez de hacia adelante; y si pertenecía al tiempo futuro, siempre estarías esperando el momento señalado. En cualquier caso, no crecerías. Este es el gran problema con muchos que profesan ser cristianos; siempre miran al pasado o al futuro. Si es para el pasado, ellos miden las posibilidades de su vida cristiana por alguna experiencia pasada. Si tuvieron alguna experiencia genuina en el pasado, piensan que no pudo haber sido genuina porque luego fallaron; y luego se desalientan. Y si para el futuro, esperan un momento que nunca llega, ya que solo pueden vivir en el presente.

El cristianismo en tiempo presente te lleva justo donde te encuentra; y por lo tanto no necesitas esperar o desanimarte. El Señor tiene la intención de salvarte y no puede hacer esto, sino llevándote justo donde estás ahora, y justo donde estás en cada momento sucesivo de tu vida. Cada momento se convertirá en "ahora" tan pronto como lo alcances. Si Él no puede salvarte de esta manera, Él no puede salvarte en absoluto. Pero Él te ha asegurado que Él puede salvarte, hasta el extremo, si lo buscas.

Por lo tanto, lo único que hay que hacer es simplemente mirar a Él ahora y creer ahora, sin hacer referencia a tus fallas pasadas o tus esperanzas futuras. El único punto de partida en la vida cristiana es "ahora", el único punto alcanzable es "ahora". Vivir ahora no es para que desees o resuelvas o anticipes ahora, sino para creer y tomar. Es mirar a Cristo ahora. Es cuando te olvidas de vivir en el momento presente, al mirar ese momento a Jesucristo por la gracia y la fuerza, que fallas.

~41~

Una Nueva Creación

La verdadera observancia del sábado significa descansar en el Señor, dependiendo de Él como el Creador, que es capaz de crearte una nueva criatura en Cristo Jesús. Este pensamiento es digno de mayor consideración. Recordemos algunas declaraciones sencillas de las Escrituras. Dios ha hecho que sus maravillosas obras sean recordadas. Salmos 111: 4. Él quiere que recuerdes Sus maravillosas obras, para que puedas conocer Su poder, porque Su poder es conocido por Sus obras. Romanos 1:20. Es necesario que conozcas el poder de Dios, para que puedas ser salvo, porque el Evangelio es el poder de Dios para la salvación de todos los que creen. Romanos 1:16. Es por el poder de Dios, a través de la fe, que eres guardado. 1 Pedro 1: 5.

El sábado es un memorial que Dios te dio de sus maravillosas obras. "Y bendijo Dios al día séptimo, y lo santificó, porque en él reposó de toda la obra que había hecho en la creación". Génesis 2:3. "Más el séptimo día es reposo para Jehová tu Dios; no hagas en él obra alguna, tú, ni tu hijo, ni tu hija, ni tu siervo, ni tu criada, ni tu bestia, ni tu extranjero que está dentro de tus puertas. Porque en seis días hizo Jehová los cielos y la tierra, el mar, y todas las cosas que en ellos hay, y reposó en el séptimo día; por tanto, Jehová bendijo el día de reposo y lo santificó". Éxodo 20:10-11.

Como el sábado es el memorial de las maravillosas obras de Dios, y Dios es conocido por sus obras, se entiende que el sábado da el conocimiento de Dios. Y entonces Él dice: "Y santificad mis días de reposo, y sean por señal entre mí y

vosotros, para que sepáis que yo soy Jehová vuestro Dios".
Ezequiel 20:20.

Pero conocer a Dios es conocerlo tal como es. Es saber que Él
es amor (1 Juan 4:16), que Él es de gran compasión (Lam.
3:22), que Él es misericordioso (Salmos 103: 8, 11, 17), que se deleita
en misericordia (Miqueas 7:18), que no se complace en la muerte
de ninguno (Ezequiel 33:11), que se ha interpuesto a sí mismo
para tu salvación (Hebreos 6:13-20) y que es capaz de hacer todo
lo que Él ha prometido. Romanos 4:21; Eph. 3:20. En resumen,
conocer a Dios es conocer a Jesucristo, "Porque en él habita
corporalmente toda la plenitud de la Deidad" (Colosenses 2:9) y
Dios se manifiesta solo en Cristo. Juan 1:18. "Que Dios estaba
en Cristo reconciliando consigo al mundo". 2 Corintios 5:19.

Cristo es el poder de Dios. 1 Corintios 1:24. Por lo tanto, las
obras de Dios, por medio de las cuales se conoce el poder de
Dios, te hacen conocer a Cristo. Esto es bastante evidente,
porque "en El todas las cosas fueron creadas". Colosenses 1:16.
"Todas las cosas fueron hechas por El". Juan 1: 3. Y dado que el
sábado es el memorial de la creación, es el memorial del poder
de Cristo. Pero Cristo es tu Salvador. "Él se manifestó para
quitar nuestros pecados". 1 Juan 3:5. Por lo tanto, el sábado es
con el propósito de permitirte conocer el poder de Cristo para
salvarte del pecado. Esto también leemos claramente: "Y les di
también mis días de reposo, para que fuesen por señal entre mí y
ellos, para que supiesen que yo soy Jehová que los santifico".
Ezequiel 20:12.

Cuando Dios terminó los seis días de la creación, "Y vio Dios
todo lo que había hecho, y he aquí que era bueno en gran
manera". Génesis 1:31. Este aspecto nos incluyó a nosotros.
"Dios hizo al hombre recto". Eclesiastés 7:29. Como el sábado
es el memorial de una creación perfecta, muestra el poder de
Dios para crear una tierra perfecta y personas perfectas para vivir
en ella.

"Confusos y avergonzados serán todos ellos; irán con afrenta
todos los fabricadores de imágenes. Israel será salvo en Jehová
con salvación eterna; no os avergonzaréis ni os afrentaréis, por
todos los siglos. Porque así dijo Jehová, que creó los cielos; él
es Dios, el que formó la tierra, el que la hizo y la compuso; no la
creó en vano, para que fuese habitada la creó: Yo soy Jehová, y
no hay otro. No hablé en secreto, en un lugar oscuro de la tierra;

no dije a la descendencia de Jacob: En vano me buscáis. Yo soy Jehová que hablo justicia, que anuncio rectitud. Isaías 45:16-19. Observa cuidadosamente lo que dice este texto. Los creadores de los ídolos se avergonzarán y se confundirán, pero Israel será salvo en el Señor con una salvación eterna. ¿Por qué? Porque el Señor hizo que la tierra fuera habitada; Él no la hizo en vano. Si no estuviera habitada, habría sido hecha en vano. Pero Él mostró al principio qué tipo de personas Él diseñó para habitar en la tierra. Hizo que la tierra fuera habitada por seres perfectos. Ahora bien, como no la hizo en vano, va a estar habitada por el tipo de personas que hizo habitarla desde el principio. Él va a salvar a las personas de esta tierra, haciéndolas perfectas, para habitar en la tierra para siempre. Él hará que la tierra sea nueva para su habitación. Véase Apocalipsis 21:1, 5; 22:1-5; 2 Pedro 3:13.

Por lo tanto, el sábado es a la vez un memorial y una promesa. Es una señal de que Dios hizo todo perfecto al comienzo y es una promesa de que Él restaurará todas las cosas a la perfección como lo fueron al principio. Él creará una nueva tierra. ¿Qué significa eso? Significa que la tierra debe restaurarse a la condición en que estaba cuando se creó por primera vez. Era entonces una tierra nueva, y Dios la renovará nuevamente. Pero será habitada, porque el Señor no la hizo en vano. Y estará habitada por personas perfectas. Solo la justicia morará en la tierra nueva.

El sábado te recuerda que Dios hizo la tierra con su poder. El día de reposo también te hace conocer a Jesús como aquel que por su poder te creará como una nueva criatura en Cristo para morar en la tierra nueva. Significa que debes darle al Señor según el puro afecto de su voluntad, para alabanza de la gloria de su gracia, con la cual nos hizo aceptos en el Amado. Efesios 1:5 ,6.

El sábado es el descanso de Dios. Es el descanso en el que Dios entró cuando cesó en su obra, y dejó su palabra para sostener lo que había creado. Ese descanso que les dio a los primeros humanos en el Edén. Ese mismo descanso lo da ahora a todos los que lo acepten. Es el descanso en el cual debes ser salvo, como dice el Señor, "En descanso y en reposo seréis salvos; en quietud y en confianza será vuestra fortaleza". Isa 30:15. Se basa en el poder que hizo los cielos y la tierra, y que todavía los sostiene. Es el descanso que al principio estaba conectado con la tierra nueva, y tener ese descanso es la garantía de descanso en la tierra cuando se vuelve a hacer nueva. Y así es apropiado que cuando la tierra se vuelva nueva, el sábado sea observado por toda carne. Ver Isaías 66:22, 23.

~42~

Una Lección de la Vida Real

"Justificados, pues, por la fe, tenemos paz para con Dios por medio de nuestro Señor Jesucristo". Romanos 5:1. "Así que, como por la transgresión de uno vino la condenación a todos los hombres, de la misma manera por la justicia de uno vino a todos los hombres la justificación de vida. Porque así como por la desobediencia de un hombre los muchos fueron constituidos pecadores, así también por la obediencia de uno, los muchos serán constituidos justos". Romanos 5:18-19.

"Porque el reino de Dios no consiste en palabras, sino en poder". 1 Corintios 4:20. Las promesas del don del Evangelio no son cuestiones de mera teoría, sino un hecho. Y para mostrarte la realidad del poder, Jesucristo vino a la tierra y lo demostró de tal manera que puedes comprenderlo. En la vida de Cristo encontrarás cada verdad del Evangelio ilustrada. Veamos algo de cómo funcionaron los textos anteriores en la vida real.

Una mujer estaba sangrando y su vida se había estado perdiendo lenta y constantemente durante muchos años. Ella gastó todos sus ingresos en un intento vano de recuperar su salud, y solo sufrió más por los experimentos de muchos médicos. Entonces oyó hablar del gran médico y fue a Él. Ella era tímida y la multitud de personas presionó sobre Jesús tan de cerca que apenas podía acercarse a Él. Pero "ella dijo dentro de sí misma: Si toco Su manto, estaré sana". Su fe fue recompensada, ya que al tocar el borde de Su manto, fue sanada por completo inmediatamente.

Aunque Jesús estaba abarrotado y empujado por la gente, instantáneamente detectó ese toque suave. Ese toque fue diferente de todos los demás, porque era el toque de fe, y saco poder de la persona de Jesús. Cuando los discípulos se preguntaron que en medio de semejante multitud, Él debería preguntar: "¿Quién me tocó?" Él dijo: "Alguien me tocó; porque percibí que el poder había salido de Mi". Ese poder era el poder de su vida: porque satisfacía las necesidades de la mujer, y lo que ella quería era la vida.

Aquí tienes algo que tu mente puede entender y tus sentidos pueden apreciar. Una cosa real fue hecha. Algo real pasó de Jesús a la mujer. No fue imaginación; no era una forma de hablar; pero fue un hecho real que la mujer fue sanada. Ella tenía la vida que le faltaba antes, y esa vida vino de Jesús. Nunca se puede saber qué es la vida, solo su Autor puede entenderla, pero sí se sabe su necesidad, incluso la de la vida recta de Cristo. Ahora verás cómo obtenerla.

Las palabras de Jesús a esa pobre mujer muestran que ella fue sanada de la misma manera y por el mismo medio por el cual eres justificado y tienes paz con Dios. Él le dijo: "Hija, tu fe te ha salvado; vete en paz". Lucas 8:48. Si aplicaras las palabras del apóstol Pablo a su experiencia particular, podrías leer: "Por tanto, habiendo sido completa en cuerpo por la fe, ella tuvo paz con Dios por medio de nuestro Señor Jesucristo". Quizás esto te permita captar más plenamente la realidad de la justicia que viene por la fe de Jesucristo.

No se dice nada sobre el perdón de los pecados en este caso, pero puedes estar seguro de otras instancias que la fe como la que tuvo la pobre mujer, trajo la curación del alma y del cuerpo. Pero no necesitas dudar si esto es realmente paralelo a Romanos 5:1, y la ilustración de la verdad allí indicada, ya que se encuentran las mismas palabras usadas con referencia directa a los pecados. En el capítulo anterior (Lucas 7) se le dice acerca de la mujer pecaminosa que ungió los pies de Jesús, después de que sus lágrimas de arrepentimiento los habían lavado. Jesús no la rechazó, sino que le dijo: "Tus pecados te son perdonados". Y luego dijo palabras casi idénticas a las que le dijo a la mujer sangrante sobre la que has estado leyendo. A la mujer que estaba bien de cuerpo, pero moralmente enferma de pecado, Jesús dijo: "Tu fe te ha salvado; vete en paz". Lucas 7:50. Compara Lucas 8:48.

Esto prueba más allá de toda posibilidad de duda de que se haga lo mismo en el perdón de los pecados que lo que se hizo para sanar a la mujer que estaba sangrando. El método es el mismo, y los resultados son los mismos. Por lo tanto, como sabes que se hizo algo real por la mujer enferma, puedes estar seguro de que se hace algo real por ti como pecador arrepentido. Así como algo real, aunque invisible, pasó de Jesús a la persona de la mujer enferma, haciéndola perfectamente sana y fuerte, aun así debes saber que algo real proviene de Cristo en tu persona como un pecador arrepentido, que te hace completo, y libre del pecado

Ese algo es nada menos que la vida de Cristo. "Si confesamos nuestros pecados, él es fiel y justo para perdonar nuestros pecados, y limpiarnos de toda maldad". 1 Juan 1:9. "Pero si andamos en luz, como él está en luz, tenemos comunión unos con otros, y la sangre de Jesucristo su Hijo nos limpia de todo pecado". Verso 7. La sangre es la vida; y así es la vida de Jesucristo que te limpia del pecado. Romanos 5:10 dice en la continuación de la declaración que, estando justificado por la fe, tienes paz con Dios por medio de tu Señor Jesucristo. "Porque si, cuando éramos enemigos, fuimos reconciliados con Dios por la muerte de su Hijo, mucho más siendo reconciliados, seremos salvos por su vida".

Muchos piensan que el perdón de los pecados por la justicia imputada de Cristo, es algo que solo existe en la mente de Dios. Por supuesto, reconocen su realidad, pero al mismo tiempo no se dan cuenta. Siempre hay algo irreal en sus mentes. El problema es que no logran comprender y hacer realidad la conexión viviente entre Cristo y ellos. Hay entre el verdadero discípulo y Cristo una conexión tan real como la que existe entre la rama de la vid y la reserva madre. Con demasiada frecuencia se piensa que el perdón de los pecados se ilustra con el pago de la deuda de un hombre pobre por un amigo rico. Si un hombre rico paga la deuda de un hombre pobre, y el banquero le acredita al pobre la suma, entonces el registro en los libros muestra que la deuda se cancela. Por supuesto, el hombre pobre se beneficia, pero en realidad no recibe nada que lo mantendrá en el futuro. Pero es diferente cuando Dios por el amor de Cristo perdona tus pecados.

Cristo "se entregó a sí mismo por nuestros pecados". Gálatas 1:4. Su vida se da para ser revelada en tu carne mortal. 2

133

Corintios 4:11. Así como la savia fluye a través de la vid hasta las ramas más lejanas, y así como la vida de Cristo entró en la pobre mujer enferma para hacerla estar perfectamente bien, así la vida impecable, interminable e inagotable de Cristo fluye hacia ti cuando tienes fe en Él, para limpiarte del pecado y para hacerte caminar en la novedad de la vida.

La vida de Cristo en la tierra fue una de obediencia a los mandamientos de Dios. Juan 15:10. La ley de Dios estaba en su corazón (Salmos 40:8) de modo que su misma vida era la plenitud de la ley. Él cumplió la justicia de la ley. Mateo 5:17. Es decir, la plenitud, la perfección de la ley, apareció en su vida. Y es por esta vida que eres salvo. No es que se te considere justo porque Jesús de Nazaret fue justo hace dos mil años, sino porque "Él siempre vive", "el mismo ayer, y hoy, y por siempre", para salvarte con el poder de su vida sin fin, cuando vienes a Él.

Jesús cumplió la justicia de la ley, para "que la justicia de la ley se cumpliese en nosotros, que no andamos según la carne, sino conforme al Espíritu". Romanos 8:4. La versión revisada dice: "Para que la ordenanza de la ley se cumpla en nosotros", y da "requisito" en el margen, como alternativa. La idea es que Cristo guardó la ley, para que todos sus requisitos se cumplan en ti. No por ti, sino en ti: porque no tienes poder para hacer incluso lo que sabes que es correcto. Pero Cristo que mora en ti hace lo correcto por su propio poder a través de todos tus miembros cuando los entregas a Él. Esto lo hace para todos los que confían en Él. Y así es que "por la obediencia de uno, muchos serán constituidos justos".

Puedes notar dos cosas. Primero: la curación milagrosa de la pobre mujer muestra cómo te hace partícipe de la vida de Cristo. Segundo: aprendes lo que sucederá cuando seas partícipe de la vida de Cristo. Aprendes leyendo los Diez Mandamientos y estudiando la vida de Cristo. Todo lo que estaba en su vida cuando estaba en la tierra, está en Él ahora, y eso es lo que Él te da. Y lo que no estaba en Su vida no se te puede dar. Todo lo que no está en su vida es pecado, y Cristo no es el ministro del pecado.

~43~

Cometiendo Errores

El hecho de que Dios more en ti, como lo hace en todos los que creen en el nombre de Jesús, no te impide exhibir las limitaciones de la humanidad. Te mantiene alejado del pecado, pero no de todos los errores que surgen de las limitaciones de la visión y el juicio humanos. El misterio de la piedad es Dios en ti: Dios manifestado en la vida de justicia y tú manifestado en las flaquezas de la carne. El uno contrasta con el otro, y por el mismo contraste se manifiesta que la vida no es de ti, sino de Dios; y que solo a Él le pertenece la gloria.

~44~

Creación y Redención

"En el principio Dios creó el cielo y la tierra". Génesis 1:1. En esta breve oración, resumimos toda la verdad del Evangelio. Si lo lees correctamente, puedes derivar un mundo de comodidad a partir de ella. En primer lugar, considera quién fue el que creó el cielo y la tierra. "Dios creó". Pero Cristo es Dios, el resplandor de la gloria del Padre y la imagen expresa de Su persona. Hebreos 1:3. Él mismo dijo: "Yo y mi Padre somos uno". Juan 10:30. Fue Él quien, representando al Padre, creó el cielo y la tierra. "En el principio era la Palabra, y la Palabra estaba con Dios, y la Palabra era Dios. Lo mismo estaba en el principio con Dios. Todas las cosas fueron hechas por Él; y sin Él no se hizo nada de lo que se hizo". Juan 1:1-3. Leemos de Cristo: "En el fueron creadas todas las cosas, las que hay en los cielos y las que hay en la tierra, visibles e invisibles; sean tronos, sean dominios, sean principados, sean potestades; todo fue creado por medio de él y para él. Y él es antes de todas las cosas, y todas las cosas en él subsisten". Colosenses 1:16, 17.

El Padre mismo se dirige al Hijo como Dios y como Creador. El primer capítulo de Hebreos dice que Dios no ha dicho en ningún momento a ninguno de los ángeles, "Mi Hijo eres tú, Yo te he engendrado hoy" "Mas del Hijo dice: Tu trono, oh Dios, por el siglo del siglo; Cetro de equidad es el cetro de tu reino". Y Él también le dijo al hijo "Oh Señor, en el principio fundaste la tierra, Y los cielos son obra de tus manos". Hebreos1:5, 8, 10. Entonces estás seguro de que cuando leas en el primer capítulo de Génesis, que "En el principio Dios creó el cielo y la tierra", se refiere a Dios en Cristo.

El poder creativo es la marca distintiva de la Divinidad. El Espíritu del Señor a través del profeta Jeremías describe la vanidad de los ídolos, y luego continúa: "Mas Jehová es el Dios verdadero; él es Dios vivo y Rey eterno; a su ira tiembla la tierra, y las naciones no pueden sufrir su indignación. Les diréis así: Los dioses que no hicieron los cielos ni la tierra, desaparezcan de la tierra y de debajo de los cielos. El que hizo la tierra con su poder, el que puso en orden el mundo con su saber, y extendió los cielos con su sabiduría". Jeremías 10:10-12. La tierra fue hecha por su poder y establecida por su sabiduría. Pero Cristo es "el poder de Dios y la sabiduría de Dios". Así que, una vez más, encuentras a Cristo inseparablemente conectado con la creación como el Creador. Solo cuando reconoces y adoras a Cristo como el Creador, reconoces Su Divinidad.

Cristo es Redentor en virtud de Su poder como Creador. "tenemos redención por su sangre, el perdón de pecados", porque "Porque en él fueron creadas todas las cosas". Colosenses 1:14-16. Si Él no fuera el Creador, no podría ser el Redentor. Esto simplemente significa que el poder redentor y el poder creativo son los mismos. Salvar es crear. Esto se muestra en la declaración del apóstol que el Evangelio es el poder de Dios para la salvación, y el poder de Dios se ve por medio de las cosas que se han hecho. Romanos 1:16, 20. Cuando consideras las obras de la creación y piensas en el poder manifestado en ellas, estás contemplando el poder de la redención.

Ha habido una gran cantidad de especulaciones infundadas sobre cuál es mayor, ¿la redención o la creación? Muchos han pensado que la redención es un trabajo mayor que la creación. Tal especulación es infundada, porque solo el poder infinito podría realizar cualquiera de los dos trabajos, y el poder infinito no puede ser medido por las mentes humanas. Pero aunque no podemos medir el poder, podemos resolver fácilmente la pregunta sobre cuál es mayor, porque las Escrituras nos dan la información. Ninguno es mayor que el otro, porque ambos son lo mismo. La redención es creación. La redención es el mismo poder que se presentó al principio para crear el mundo y todo lo que hay en él, ahora presentado para salvar a las personas y la tierra de la maldición del pecado.

Las Escrituras son muy claras en este punto. El salmista oró, "Crea en mí, oh Dios, un corazón limpio, Y renueva un espíritu recto dentro de mí". Salmos 51:10. El Apóstol dice "De modo que si alguno está en Cristo, nueva criatura es" o una nueva creación. 2 Corintios 5:17. Y leemos: "Porque por gracia sois salvos por medio de la fe; y esto no de vosotros, pues es don de Dios; no por obras, para que nadie se gloríe. Porque somos hechura suya, creados en Cristo Jesús para buenas obras, las cuales Dios preparó de antemano para que anduviésemos en ellas". Efesios 2:8-10.

Comparado con Dios, "el hombre es menos que nada y vanidad". En ti "no mora nada bueno". Pero el mismo poder que en un principio hizo la tierra de la nada, puede llevarte si estás dispuesto, y hacer de ti aquello que es "para alabanza de la gloria de su gracia".

~45~

La Ley y la Vida

El guardar los mandamientos de Dios se resume en una palabra, es decir, amor. Pero el amor es de Dios, "porque Dios es amor". Observa que el texto no dice que Dios tiene amor, sino que Dios es amor. El amor es la naturaleza de Dios; es Su misma vida. Por lo tanto, es claro que guardar los mandamientos de Dios es participar de la naturaleza de Dios. Este es un punto que no se puede repetir con demasiada frecuencia.

Cuando el joven vino a Cristo, diciendo: "Buen Maestro", el Salvador le dijo: "¿Por qué me llamas bueno? No hay ninguno bueno sino Uno, es decir, Dios". En esto, Cristo no lo reprendió por llamarlo bueno, porque era bueno. Él "no conoció pecado". A los judíos les dijo: "¿Quién de vosotros me redarguye de pecado?" Juan 8:46. Y de nueva cuenta Él dijo: "El príncipe de este mundo, y él nada tiene en mí". Juan 14:30. Sabía que era bueno, y no podía negarlo sin negarse a sí mismo, y no haría eso. Pero al hacer esa pregunta y hacerle esa declaración al joven, mostró que Él mismo era Dios. Él y el Padre son uno, y solo Dios es bueno.

En contraste con Dios, tú solo eres malvado. "No hay justo, ni aun uno; No hay quien entienda, No hay quien busque a Dios. Todos se desviaron, a una se hicieron inútiles; No hay quien haga lo bueno, no hay ni siquiera uno". Romanos 3:10-12. "Porque de dentro, del corazón de los hombres, salen los malos pensamientos, los adulterios, las fornicaciones, los homicidios, los hurtos, las avaricias, las maldades, el engaño, la lascivia, la envidia, la maledicencia, la soberbia, la insensatez. Todas estas maldades de dentro salen, y contaminan al hombre". Mar. 7:21-23.

Como es tu corazón, tú también. "El hombre malo, del mal tesoro de su corazón saca lo malo". Lucas 6:45. Entonces, dado que tu corazón es malo, entonces solo puedes hacer el mal si te lo dejas a ti mismo. "Porque el deseo de la carne es contra el Espíritu, y el del Espíritu es contra la carne; y éstos se oponen entre sí, para que no hagáis lo que quisiereis". Gálatas 5:17. Esto se habla especialmente de ti cuando deseas hacer lo correcto. Este mal en tu corazón se opone a la ley de Dios. Leemos, "Porque el ocuparse de la carne es muerte, pero el ocuparse del Espíritu es vida y paz. Por cuanto los designios de la carne son enemistad contra Dios; porque no se sujetan a la ley de Dios, ni tampoco pueden; y los que viven según la carne no pueden agradar a Dios". Romanos 8:6-8.

Pero Dios te dice que guardes Sus mandamientos. Y dado que es imposible que tu naturaleza los guarde, y la bondad reside únicamente en Dios, se deduce que para poder guardar los mandamientos debes tener la naturaleza de Dios. Cristo es la revelación de Dios. Nadie sabe "ni al Padre conoce alguno, sino el Hijo, y aquel a quien el Hijo lo quiera revelar". Mateo 11:27. En la vida de Cristo había una bondad perfecta, porque Su vida era la vida de Dios. Dios es bueno. Su vida es la bondad misma. La bondad constituye Su vida. La bondad no es algo abstracto, pero siempre debe manifestarse en acción. Pero la acción es vida. Por lo tanto, dado que no hay ninguno bueno sino Dios, se deduce que si guardas los mandamientos de Dios debes hacerlo teniendo Su vida en ti.

Esta es la única forma en que la justicia de la ley puede ocurrir en tu vida. Pablo dijo: "Con Cristo estoy juntamente crucificado, y ya no vivo yo, más vive Cristo en mí; y lo que ahora vivo en la carne, lo vivo en la fe del Hijo de Dios, el cual me amó y se entregó a sí mismo por mí. No desecho la gracia de Dios; pues si por la ley fuese la justicia, entonces por demás murió Cristo". Gal 2:20, 21. La justicia solo viene por la vida de Dios en Cristo. Entonces es eso "por la obediencia de uno, los muchos serán constituidos justos". Romanos 5:19. En toda la hueste de los redimidos en el reino de los cielos, habrá manifestación de la justicia de Cristo, y de su justicia solamente. No es simplemente que Cristo obedeció la ley hace dos mil años, cuando estaba en la tierra. Pero que Él obedece la ley ahora, lo mismo que hizo entonces; porque Él es el mismo ayer, y hoy, y por siempre. Entonces, cuando viene a morar en tu corazón por fe, vive la misma vida de obediencia en ti que hizo cuando vino aquí a morir por ti. Cuando sabes esto en la práctica, reconoces que Cristo ha venido en carne y hueso.

Debido a que la ley de Dios es la vida de Dios, y la ley es el amor, el Salvador dio esta instrucción: "Pero yo os digo: Amad a vuestros enemigos, bendecid a los que os maldicen, haced bien a los que os aborrecen, y orad por los que os ultrajan y os persiguen; para que seáis hijos de vuestro Padre que está en los cielos, que hace salir su sol sobre malos y buenos, y que hace llover sobre justos e injustos. Porque si amáis a los que os aman, ¿qué recompensa tendréis? ¿No hacen también lo mismo los publicanos? Y si saludáis a vuestros hermanos solamente, ¿qué hacéis de más? ¿No hacen también así los gentiles?" Mateo 5:44-47.

La mayor manifestación del amor meramente humano es hacer el bien a aquellos que te hacen bien. "Mayor amor que este, que uno ponga su vida por sus amigos". "Mas Dios muestra su amor para con nosotros, en que siendo aún pecadores, Cristo murió por nosotros". Romanos 5:8. Amas a tus amigos, a veces; pero Dios ama a sus enemigos Eso es amor en sí mismo, porque no crece de lo que ha recibido del que ama. El Salvador sabía que este tipo de amor no es posible para tu naturaleza humana, y por eso añadió estas palabras, "Sed, pues, vosotros perfectos, como vuestro Padre que está en los cielos es perfecto". Mateo 5:48. Es decir, debes tener la perfección de Dios. No es que te conviertas en un dios, sino que debes permitir que Su vida se manifieste en ti, y así tendrás su perfección. La bondad será toda de Dios, pero se contará como tuya, porque te rendiste a ella, para poder vivirla en ti.

Este pensamiento eleva la ley de Dios por encima del nivel de la mera fuerza y la glorifica. Nosotros "sé que su mandamiento es vida eterna". Juan 12:50. Los Diez Mandamientos no son reglas arbitrarias establecidas por el Todopoderoso para el gobierno de las personas. No son preceptos que existen simplemente por escrito, que debes leer, y luego haces tu mejor esfuerzo para mantenerlos. No son como las leyes de los gobiernos terrenales, donde los legisladores no ofrecen ayuda al pueblo para cumplir las leyes. Dios no te ha dado una ley tan dura como la piedra en la que se trazó en el Sinaí, y luego te dejó para hacer lo mejor que puedas con ella, Su única preocupación es castigarte si te quedas corto. Es muy diferente. La ley escrita en tablas de piedra no es más que la declaración en palabras de la justicia viva del Dios viviente, que Él en amor da a todos los que la recibirán. Es la condición de la vida, simplemente porque toda la vida proviene de Dios; y dado que todos los que vivirán para siempre deben tener Su vida, es necesario que tengan Su justicia. Pero Dios no te ha dejado para asegurar esta justicia por ti mismo. Él sabe bien que sería imposible. Entonces Él se dio a Sí mismo, derramando Su propia vida en la cruz, para que tú puedas tenerla. Entonces la ley de Dios es la vida de Dios: clemente, amorosa y misericordiosa.

Hay que señalar un pensamiento más aquí, y es decir, que nada menos que la vida de Dios satisfará las demandas de la ley. Quien queda corto de la gloria de Dios, que es su bondad, es un pecador, un transgresor de la ley. La justicia de Dios, que es por la fe de Jesucristo, es lo único que la ley dará como perfecta. Cualquier cosa menos que eso será condenada por la ley; para "todo lo que no proviene de fe, es pecado". Romanos 14:23. No hay injusticia en que Dios mantenga este alto estándar para ti, ya que Él se entrega a sí mismo, con toda la justicia de su vida, a todos los que la tomarán. Él da Su vida libremente. Todo lo que tienes que hacer es someterte a la justicia de Dios.

Una mera forma de piedad no servirá de nada. No se aceptará ninguna cantidad de mera conformidad externa a la ley como el cumplimiento de la ley. Solo hay un Dios, y por lo tanto hay solo una vida de Dios. Él no reconocerá ningún dios rival, y no puede ser engañado por una justicia que es solo una falsificación de Su vida. Cualquier cantidad de conformidad profesada a la ley de Dios, que no proviene de la vida de Dios en tu alma, no es más que pecado. No olvides que tu justicia, la observancia de los mandamientos de Dios, es solo por la fe de Jesucristo, y que todo lo que no es de fe es pecado.

~46~

Debilidad y Fuerza

Cuando eres fuerte, entonces también eres débil; y eres débil en el mismo punto donde está tu fortaleza. Si esto no fuera así, tendrías algo propio en lo que gloriarte. Es muy probable que te enorgullezcas de tus "puntos fuertes", pero esos puntos son fuertes solo en comparación con otros puntos de tu personaje que son más débiles. Comparado con el poder de las fuerzas del mal, no tienes fuerza, pero puedes manifestar solo grados variables de debilidad. Es sobre estos "puntos fuertes" que las personas cometen sus mayores fallas morales. El punto fuerte de Pedro fue su audacia; ¡pero he aquí que se encoge de miedo en la sala del juicio, temeroso de confesar a su Señor! Salomón fue el hombre más sabio de la tierra; pero ¡qué exhibición de locura más digna de lástima que el rey de Israel rodeado de setecientas esposas y trescientas concubinas, escuchando sus consejos y llevando al pueblo de Dios a la idolatría! El punto fuerte de Moisés fue su mansedumbre; pero lo encontramos en Meriba diciendo a la multitud: "Oíd ahora, rebeldes; ¿Os hemos de hacer salir aguas de esta peña?"

La gente confía naturalmente en sus puntos "fuertes", y todos son débiles cuando confían en sí mismos. Hablamos de "proteger nuestros puntos débiles", pero nuestros puntos fuertes necesitan protección. Tus puntos débiles incluyen tus fuertes. No tienes más que puntos débiles. Sea cual sea el punto en el que confíes, ese punto especialmente es débil. Y no estás protegiendo los puntos débiles a menos que estés protegiendo cada punto. Pero debes recordar que no son tus resoluciones, tu voluntad o tu vigilancia las que te protegen, sino tu fe. "El escudo de la fe" es lo que apaga los ardientes dardos de los malvados. Efesios 6:16.

143

La armadura que se prepara para ti no es de fabricación humana, sino que es tal como Dios mismo la hizo en su propia sabiduría y está dotada de su propia fuerza.

Pero no debes desanimarte porque te encuentras débil donde te habías creído fuerte, porque tu dependencia no está en ti mismo, sino en Dios; y dependiendo de Él, eres fuerte donde eres débil. Esta fue la experiencia de Pablo, como escribió a los corintios. 2 Corintios 12:10. Solo necesitas unir tu debilidad a la fortaleza de Dios. Entonces, como el apóstol, puedes "gozar de debilidades y reproches en necesidades, en persecuciones, en angustias, por amor a Cristo". Dios tiene que revelarte tu debilidad antes de poder salvarte. El demonio, por otro lado, te lleva a pensar que eres fuerte para que, al confiar en ti mismo, puedas caer y ser arruinado. Cuando te sientes fuerte, la advertencia es, "Así que, el que piensa estar firme, mire que no caiga". 1 Corintios 10:12. Pero cuando te sientes débil, demasiado débil para hacer algo por ti mismo, estás en condiciones de obtener la victoria. El peligro es que no te sientas lo suficientemente débil; porque incluso en los momentos más débiles tienes suficiente fuerza para resistir al Espíritu Santo y evitar que Dios trabaje en tu vida. Si eres lo suficientemente débil como para rendirte completamente al Señor, entonces para los fines para los que necesitas fortaleza, te vuelves tan fuerte como el Señor mismo, ya que tienes Su fuerza.

~47~

Crecimiento Cristiano

El crecimiento es el proceso de desarrollo por el cual el inmaduro avanza hacia un estado de perfección. El crecimiento es tanto una posibilidad y una necesidad de la vida espiritual como de la vida física. La vida espiritual comienza con el nacimiento, el "nuevo nacimiento". Eres un bebé en Cristo. Si sigues siendo un bebé, entonces no puedes convertirte en un soldado de la cruz, soportando la dureza al servicio de tu Maestro. No puedes participar de la carne fuerte que, con la más simple "leche de la palabra", se proporciona en el Evangelio de Cristo. Desde la condición de un bebé, debes pasar a la estatura completa de un hombre o mujer en Cristo; y esto solo puede hacerse por crecimiento.

¿Cuáles son los elementos esenciales para el crecimiento? Casi cualquiera puede decir lo que es necesario para el crecimiento de una planta, pero casi nadie parece entender lo que es necesario para el desarrollo de un cristiano. Sin embargo, no necesitas mayor esfuerzo para saber qué lo que es necesario en un caso es en el otro. Un cristiano no es más que una planta en el jardín del Señor; y las plantas espirituales, como cualquier otra planta, necesitan mucha agua, buena tierra y luz solar.

El Señor ha provisto todo esto para su jardín, y solo le resta a Sus plantas asimilar lo que encuentran. Pero hay una extraña perversidad sobre estas plantas humanas que no se ve en el mundo físico. El Señor se queja al profeta Jeremías acerca de Su pueblo de antaño, que a pesar de que Él los había plantado "de vid escogida, simiente verdadera toda ella" aún así se habían "te me has vuelto sarmiento de vid extraña", y así es de esta manera ahora con muchos que han disfrutado de privilegios similares. No hay falla en la provisión que Dios ha hecho; pero hay un principio malvado que encuentra su camino dentro de la planta y pervierte su naturaleza, causando la degeneración y finalmente la pérdida de todo lo que es noble y bueno.

Es la naturaleza de una planta girar hacia el sol; pero en el jardín espiritual de Dios, algunas plantas tratan de crecer de otra manera. Hay algunos que intentan crecer por algo inherente a ellos mismos. Por supuesto, no se puede lograr ningún crecimiento de esta manera. Imagínate una planta que intenta hacerse crecer, que se esfuerza, ¡como si fuera capaz de esforzarse, para hacerse más y más fuerte y hundir sus raíces más profundamente en el suelo!. La idea es absurda; sin embargo, esto es lo que mucha gente piensa que deben hacer para crecer como cristianos. Pero Cristo dijo: "¿Y quién de vosotros podrá con afanarse añadir a su estatura un codo?" Lucas 12:25. ¿Quién pensaría en esforzarse para crecer físicamente?

Es cierto que el ejercicio influye en el crecimiento, pero no es la causa del crecimiento, y no hay nada que puedas hacer para causarlo. El principio del desarrollo está en cada persona por naturaleza; y todo lo que puedes hacer es asegurar esas condiciones para que este principio pueda funcionar. Así es en el mundo espiritual. El principio de crecimiento es implantado por Dios en el nuevo nacimiento, y solo necesita las condiciones adecuadas para hacer que el bebé en Cristo crezca hasta la estatura completa de la madurez cristiana. Puedes interferir con este principio y reprimirlo, pero no puedes crearlo. Pero el diablo, que entiende todo esto, continuamente pone a la gente a trabajar para tratar de crecer por el esfuerzo. Te haría pensar que al pensar y hacer una gran cantidad de buenas obras puedes agregar un codo a tu estatura en Cristo. Y las personas prueban este plan, como lo han estado haciendo durante años en el pasado, y lo siguen intentando hasta que descubren que no funciona. Encuentran que después de años de tales esfuerzos, no son cristianos más fuertes de lo que fueron al principio, ni llegan más arriba en la atmósfera espiritual del cielo. Luego se desaniman, y el diablo, que sabía cuál sería el resultado, llega y los tienta, y los encuentra listos para caer presa fácil de sus artimañas.

Pero no hay imposibilidad en el camino del crecimiento cristiano. La dificultad fue que no entendiste la naturaleza de ese crecimiento. No sabías las condiciones bajo las cuales solo podría tener lugar. No fuiste instruido por lo que Dios ha revelado en Su palabra y naturaleza. Una planta crece, se estira y se fortalece sin ningún esfuerzo de su parte. Simplemente mira al sol. Siente la influencia vivificante de sus rayos, y se estira hacia la fuente de donde provienen. Todo el proceso es simplemente un esfuerzo por acercarse a la fuente de su vida. En el suelo encuentra el agua y los diversos elementos que entran en su composición como planta, y el principio de asimilación dentro de ella, que tiene, siempre que mire al sol, atrae las sustancias a través de las raíces hacia el tallo y hojas. La planta simplemente deja que el proceso continúe según esta ley de asimilación que le dio su Creador.

Entonces así debe ser con las plantas en el jardín celestial. Deben mirar el sol. No puedes crecer mirándote a ti mismo; no puedes crecer mirando otras plantas a tu alrededor. Tampoco deberías esforzarte para asimilar lo que es necesario para edificarte y volverte fuerte, sino simplemente dejar que el proceso de asimilación continúe de acuerdo con la "ley del Espíritu de vida" que se ha puesto dentro de ti. "Deja que esta mente esté en ti, que también estaba en Cristo Jesús", es la exhortación que se te da. Estará en ti si lo dejas. Todo lo que Dios quiere de ti es dejar que Él trabaje en ti.

La gente continuamente está haciendo algo para obstaculizar el trabajo de Dios. Continuamente se ponen a sí mismos en el camino de Dios. Se niegan a someter su voluntad a la voluntad de Dios. Y esta es toda la dificultad de vivir la vida cristiana. No es una dificultad realizar obras, sino la dificultad de tomar la decisión correcta, de rendirse a Dios y no a sí mismo, de mirar a Cristo y no a otra cosa, y de dejar que su mente y su espíritu estén en ti. Él es tu Sol, el "Sol de Justicia". Mal. 4:2. Si lo miras con firmeza como la planta mira el sol que brilla en el cielo; si haces un esfuerzo constante para voltearte hacia Él así como la planta se dirige a la fuente de su vida, y para alcanzar cada vez más el brillo de Su rostro, entonces no tendrás dificultad en obtener la medida completa del crecimiento que deseas.

Pero no debes esperar darte cuenta del hecho de que estás creciendo, del mismo modo que no puedes darte cuenta de que estás creciendo físicamente tratando de observar los cambios en tu altura día a día. Si la planta gira la cabeza lejos del sol para mirarse a sí misma para ver qué tan rápido está creciendo, pronto dejará de crecer; y así es con el cristiano. Cuando tratas de verte crecer espiritualmente estás tomando uno de los medios más efectivos para detener tu crecimiento por completo.

Por lo tanto, no hay motivos para desanimarse por el hecho de que en ningún momento te das cuenta de este proceso de crecimiento. Se está llevando a cabo de la misma manera que se lleva a cabo en el mundo físico, y no es necesario que el resultado sea una cuestión de inquietud. El resultado será lo que el apóstol Pablo describe en su carta a los Efesios, por quienes oró para que pudieran ser fortalecidos por la presencia interna del Espíritu, "a fin de que, arraigados y cimentados en amor, seáis plenamente capaces de comprender con todos los santos cuál sea la anchura, la longitud, la profundidad y la altura, y de conocer el amor de Cristo, que excede a todo conocimiento, para que seáis llenos de toda la plenitud de Dios". Efesios 3:17-19.

No se te dice que crezcas en el conocimiento de ti mismo o en el conocimiento de tu pecaminosidad o la de tus vecinos, sino "creced en la gracia y el conocimiento de nuestro Señor y Salvador Jesucristo". 2 Pedro 3:18. No puedes conocer Su gracia y todos Sus atributos a menos que los veas; y no puedes verlos a menos que lo mires.

~48~

El Juicio

Félix, él mismo juez de Pablo, tembló cuando el apóstol le predicó acerca de "justicia, templanza y juicio venidero". Solo por un momento la doctrina del juicio se presionó tan cerca de sus callosos sentidos que tembló al pensar en presentarse ante el Juez de todos.

Puedes sacar un carbón vivo del fuego y manipularlo ligeramente, pasándolo de mano en mano sin quemarte los dedos. Pero si lo agarras firmemente, entonces arde en tu carne. Las multitudes sostienen la doctrina del juicio tan a la ligera que tiene poco efecto en sus vidas diarias. De una manera general, creen en un día de ajuste de cuentas, pero no se sostiene con la suficiente firmeza como para abrir paso en el corazón y la vida.

Comprendes fácilmente la verdad de que el mundo será juzgado. Incluso puedes sentir la satisfacción que expresó el salmista cuando vio que el mal no siempre triunfaría, y que los trabajadores de la iniquidad no podrían corromper el juicio en el día de Dios. Pero tus pensamientos deben acercar el asunto a ti más que eso.

"Cada uno de nosotros dará cuenta de sí mismo a Dios". No solo el mundo en general y no solo los malvados que han vivido en el desenfreno, sino que "cada uno de nosotros". No como miembro de la iglesia, o en tu familia, sino individualmente y solo tú encontrarás la cuenta que se guarda en los libros del cielo. ¿Qué dirán otras personas? ¿Eso hace una diferencia para ti? ¿Tienes miedo de seguir al Señor a causa del reproche de Cristo? ¿De qué valor es el registro que el mundo puede escribir cuando los libros del cielo están registrando la historia de tu vida?

Tu vida está compuesta de tres cosas: obras, palabras y pensamientos.
1. *Tus Obras.* – Dios pagará a cada uno según sus obras. Romanos 2: 6. No te engañes con lo que profesas. "El que hace justicia es justo". El apóstol escribe acerca de aquellos que "profesan que conocen a Dios; pero con los hechos lo niegan". Tito 1:16. No es lo que profesas, pero tus obras determinan tu destino.
2. *Tus Palabras.* – "Más yo os digo que de toda palabra ociosa que hablen los hombres, de ella darán cuenta en el día del juicio". Mateo 12:36. "De la abundancia del corazón habla la boca". Por lo tanto, es justo que tu vida sea juzgada por tus palabras. La frivolidad necia en tu corazón se manifestará en la ligereza del habla. La vanidad dentro fluye en "grandes palabras hinchadas de vanidad". El odio a la ley de Dios y la anarquía dentro de su corazón conducirá a palabras en contra del estándar Divino de justicia. Cuando te das cuenta de que incluso tus palabras despreocupadas y ociosas – y especialmente las palabras pronunciadas con determinación y previsión – están grabadas, puedes orar la oración del salmista: "Pon guarda a mi boca, oh Jehová; Guarda la puerta de mis labios".
3. *Tus Pensamientos.* – Tus obras y palabras son vistas y escuchadas por otros, y pueden ser controladas para que la verdadera condición de tu corazón no siempre sea revelada. Pero el juicio no será de acuerdo con los estándares del mundo. "Entonces les dijo: Vosotros sois los que os justificáis a vosotros mismos delante de los hombres; mas Dios conoce vuestros corazones; porque lo que los hombres tienen por sublime, delante de Dios es abominación". Lucas 16:15. "Porque la palabra de Dios es viva y eficaz, y más cortante que toda espada de dos filos; y penetra hasta partir el alma y el espíritu, las coyunturas y los tuétanos, y discierne los pensamientos y las intenciones del corazón. Y no hay cosa creada que no sea manifiesta en su presencia; antes bien todas las cosas están desnudas y abiertas a los ojos de aquel a quien tenemos que dar cuenta". Hebreos 4:12,13.
La ley de Dios es espiritual, y por ella todos los pecados secretos serán revelados. "El fin de todo el discurso oído es este: Teme a Dios, y guarda sus mandamientos; porque esto es el todo del hombre. Porque Dios traerá toda obra a juicio, juntamente

con toda cosa encubierta, sea buena o sea mala". Eclesiastés 12:13,14.

Todo el objetivo del Evangelio es enseñarte cómo la justicia de la ley santa y perfecta puede cumplirse en ti: por Jesucristo, el justo. El juicio revelará todas tus obras de ti mismo, y bendito eres tú cuya transgresión es perdonada, cuyo pecado está cubierto en ese día. Dado que es la ley de Dios la que debe ser el criterio de juicio, no es extraño que Satanás trate de inducirte a despreciar la ley y a continuar en pecado. La anarquía es una marca especial de los últimos días de la profecía. En los mismos días finales, cuando llegue la "hora de Su juicio", no te sorprenderás de que el mensaje del Evangelio sea, en un sentido especial, un llamado a la lealtad y la obediencia.

Cuando te enfrentas cara a cara con el juicio, no puedes permitirte tratar con desprecio la ley que te pone bajo pecado. Ahora, cuando no solo en el mundo profeso sin Dios hay personas apresuradas en el pecado, sino que incluso en los púlpitos y en el mundo religioso la ley de Dios se trata como una cosa exterior, ha llegado el momento en que el Evangelio llama a una "voz alta," "Temed a Dios, y dadle gloria, porque la hora de su juicio ha llegado". Apocalipsis 14:7.

~49~

La Purificación Final

Antes del final de Su ministerio terrenal, el Señor limpió el templo; entonces, antes de cerrar Su ministerio celestial y venir a tomar lo suyo, limpia su templo, la iglesia, para que lo encuentre sin engaño a Su venida.

"¿Y quién podrá soportar el tiempo de su venida? ¿O quién podrá estar en pie cuando Él se manifieste? Porque Él es como fuego purificador, y como jabón de lavadores. Y se sentará para afinar y limpiar la plata; porque limpiará a los hijos de Leví, los afinará como a oro y como a plata, y traerán a Jehová ofrenda en justicia". Malaquías 3:2, 3.

Apocalipsis 18 muestra la condición desesperada del mundo religioso justo antes de que venga el Señor, y el llamado de Dios es: "Sal de ella, pueblo mío". Es un llamado a ti para que reformes tu vida, abandones el pecado y el yo, y tomes la salvación de Dios.

Es por la Palabra que eres limpiado del pecado (Juan 15:3) y que el Evangelio es predicado (1 Pedro 1:25). En Apocalipsis 14:6-14, el Señor ha dado un bosquejo del mensaje que debe dirigirse a cada persona, con el poder de limpiarlo para que pueda ser una piedra viva en el templo viviente de Dios. Es el trabajo en el que deberías estar ahora comprometido, porque el día del Señor está seguramente a la mano, y Su Palabra debe ponerse delante de ti para prepararte para que permanezcas en el día de Su venida.

"Tocad trompeta de Sion, y dad alarma en mi santo monte; tiemblan todos los moradores de la tierra, porque viene el día de Jehová, porque está cercano". Joel 2:1. "Purificaos los que lleváis los utensilios de Jehová". Isaías 52:11.

Notas

Referencias

Leyenda:

W   E. J. Waggoner
J   A. T. Jones

PT   The Present Truth
ST   The Signs of the Times
RH   The Advent Review and Sabbath Herald
BE   The Bible Echo

CPSIA information can be obtained
at www.ICGtesting.com
Printed in the USA
LVHW051423071019
633402LV00003B/949/P

9 781727 391237